# Meu filho chegou à adolescência, e agora?

**Como construir um projeto de vida JUNTOS**

# Leo Fraiman

# Meu filho chegou à adolescência, e agora?

## Como construir um projeto de vida JUNTOS

INTEGRARE
EDITORA

Copyright © 2011 Leo Fraiman
Copyright © 2011 Integrare Editora e Livraria Ltda.

Todos os direitos reservados, incluindo o de reprodução sob quaisquer
meios, que não pode ser realizada sem autorização por escrito da editora,
exceto em caso de trechos breves citados em resenhas literárias.

**Publisher**
Maurício Machado

**Supervisora editorial**
Luciana M. Tiba

**Assistente editorial**
Deborah Mattos

**Produção editorial**
Estúdio Sabiá

**Edição de texto**
Hebe Ester Lucas

**Revisão**
Letícia Carniello e Olga Sérvulo

**Projeto gráfico de capa e de miolo / Diagramação**
Nobreart Comunicação

Dados Internacionais de Catalogação na Publicação (CIP)
(Câmara Brasileira do Livro, SP, Brasil)

---

Fraiman, Leo
　　Meu filho chegou à adolescência, e agora? : como construir um projeto de vida
juntos / Leo Fraiman. -- São Paulo : Integrare Editora, 2011.

ISBN 978-85-99362-70-9

1. Adolescência 2. Adolescentes - Conduta de vida 3. Pais e filhos
4. Psicologia do adolescente I. Título.

11-09815　　　　　　　　　　　　　　　　　　　　　　　　　　　CDD-155.5

---

**Índices para catálogo sistemático:**
1. Adolescência : Psicologia　155.5　2. Psicologia do adolescente　155.5

Todos os direitos reservados à
**INTEGRARE EDITORA E LIVRARIA LTDA.**
Rua Tabapuã, 1123, 7º andar, conj. 71-74
CEP 04533-014 – São Paulo – SP – Brasil
Tel. (55) (11) 3562-8590
Visite nosso site: www.integrareeditora.com.br

Este livro é dedicado à família
que um dia hei de formar. Que estas ideias
ecoem e me tragam a semente do amor profundo,
a fim de que juntos cultivemos os frutos
de filhos felizes e sadios para este país e o mundo.

# AGRADECIMENTOS

Aproveito este importante espaço para agradecer a algumas pessoas que fizeram a diferença para a realização deste livro:

**Ana**, minha mãe, que me incentiva a ser um ser humano melhor, fonte inesgotável de amor e luz. **Danielle Moura**, pela parceria fiel e dedicada em eventos e assessorias escolares nestes anos. **Eliana Aun**, educadora que me inspira e desafia rumo à excelência e nobreza. **Gilda Oliveira**, por seus cuidados comigo nos muitos momentos em que precisei de suporte e paz. **Içami Tiba**, educador em quem me inspiro como Homem, profissional e pai. Meu mentor ideológico há mais de 20 anos. **Karina Yamamoto**, pelas dicas precisas e pela cumplicidade na condução da minha coluna do UOL. **Luciana M. Tiba**, pela companhia amorosa em momentos cruciais deste livro, pelas ideias profundas que partilhamos, pelos aprendizados que me foram oportunizados, pela presença iluminada e pela confiança, delicadeza e grandeza de suas contribuições. **Mariana Gonçalo**, minha parceira de todos os dias e projetos, pérola preciosa que me desafia ao pensar incessante. **Marcos Brogna**, pela dedicação com que me enriquece com ares e ideias renovadas. **Maristela Gomes**, por cuidar com esmero e afeto da minha intensa agenda. **Maurício Machado**, pelo convite honroso a esta obra e pelo compromisso para que ela faça a diferença. **Maurício Barreto**, amigo, sócio e incentivador das causas nobres e homem que admiro. **Monica Blay**, minha psicoterapeuta, pelo amparo incondicional e escuta atenta. **Moyzes**, meu pai, de quem guardo cenas de afeto, cuidado e uma autoridade que jamais precisou ser autoritária para se fazer presentemente firme e me ensinou a ser um homem de bem. **Silvana Pepe**, pelo carinho e incentivo a trilhar um caminho para a educação libertadora e honesta. **Tadeu** e **Patrícia Patané**, irmãos, amigos, sócios e fiéis escudeiros nesta missão de educar com alma. **Meus alunos e seus familiares**, com quem aprendo cada dia mais sobre os desafios e as maravilhas da adolescência. **Colegas educadores** das escolas conveniadas da Metodologia OPEE, minha rede de apoio e inspiração. **Aos meus pacientes**, que tanto me ensinaram com suas verdades, lágrimas e sonhos honestamente revelados e aqui refletidos.

*À D'us, fonte da única e verdadeira luz, que me guarda e me guia.*

# APRESENTAÇÃO

*por Leo Fraiman*

Muito prazer, querido leitor. Durante os próximos dias passaremos alguns momentos juntos, os quais espero que sejam realmente proveitosos. Por isso, nada melhor do que nos apresentarmos!

Para mim, a razão da vida é sentir, sonhar, aprender, amar e servir ao próximo. Trabalho como psicoterapeuta, escritor, palestrante, professor e colunista da TV UOL. Todos estes papéis me permitem olhar e sentir como estão as crianças, os adolescentes e os pais nas mais diversas realidades do nosso país.

Adoro a sensação de falar diante das mais diversas plateias e sentir que posso, de algum modo, fazer a diferença. Para mim, o valor de nossas vidas não pode ser medido por medalhas ou títulos, e sim pelo número de pessoas que medem a vida delas em termos do que deixamos como legado.

Durante as minhas aulas e palestras, sinto um silêncio doído quanto toco em alguns pontos delicados das relações familiares. Isso me traz muita tristeza. Percebo que há muitos pais que sentem-se distantes de seus filhos. E muitos desses filhos queriam sim que seus pais estivessem ao lado deles, mas não sabem como pedir esse apoio, ou nem acreditam que eles se importam.

Todos sofrem quando no lugar do amor fica uma distância silenciosa, constrangedora, num fosso de lágrimas que facilmente cobre-se de cinismo, de "tanto faz", ou de drogas para distrair da dor.

Nestes vinte anos atendendo em minha clínica psicológica, venho percebendo uma crescente tendência ao descaso, ao distanciamento e a um esfriamento dos vínculos afetivos. Pessoas que moram na mesma casa sequer conversam no jantar, sentam para almoçar e cada uma entra num mundo particular do telefone, do joguinho, do MSN. Quanta dor calada...

em nome de quê? Da liberdade? Eu prefiro o amor, o contato, o calor do abraço. Eu não aguento olhar tudo isso e me calar. Não posso concordar com tanta gente sofrendo na minha frente, sabendo que tudo poderia ser bem melhor: com mais afeto, mais cuidado e mais atenção de ambas as partes. Pais precisam dos filhos e vice-versa.

Este livro é meu desabafo a favor do amor, da vida e da família. De uma vida de amor, em família.

Gosto de pensar na ideia de que, ao ler estas palavras, um pai possa se aproximar mais de sua filha. Uma mãe possa entender melhor o seu filho. É gostoso imaginar um casal o lendo e, depois, sentando juntos para conversar sobre sua vida, ou pensar que depois de ler estas ideias um pai e uma mãe possam reverter uma distância doída que tenham na relação com o seu filho e, ao invés de percebê-lo como um garoto-problema, o vejam como o filho-em-transformação que merece amor, diálogo, colo ou orientação. Mas nunca a desistência.

Sempre me percebi uma pessoa inundada de sentimentos, sempre desejei ajudar meus amigos, parentes e pessoas que estão perto de mim. Esse livro faz parte deste desejo: da vontade de que seu filho tenha uma vida familiar ao menos parecida com a que tive e com aquela em que acredito e sei que você também acredita. Eu tive sorte, pois cresci numa época em que os valores familiares eram caros, sagrados. Hoje, questiona-se tudo. Mas há coisas de valor, que são preciosas. A família é uma delas. Por isso, é preciso agir de acordo com o que acreditamos e ir atrás. Aqui está a minha mão a lhe escrever, despertar, acolher, amparar e acompanhar.

Minha mãe sempre acreditou na minha capacidade e me inspirou a empreender, a acreditar em mim e a buscar novos desafios. Ela realmente me via grande e me dava apoio, dizendo que eu nasci com o dom da cura e da palavra.

Meu pai é um homem muito afetuoso, que sempre deu colo, carinho, presença e segurança. Lembro de algumas cenas muito especiais com ele: aos 10 anos de idade, num supermercado onde fazíamos as compras do mês. A gente comendo bolacha até acabar o pacote, com aquela fome peculiar de adolescente que joga horas de futebol e ainda fazia artes marciais todos os dias. Pego o pacote e insinuo que vou deixar na prateleira. Meu pai me manda pegá-lo de volta e colocar no carrinho para pagar. Questiono e digo, do alto

APRESENTAÇÃO

da minha ignorância, que isso não iria fazer falta para o supermercado, que eles deviam vender tanto que um pacote a mais ou outro a menos não faria diferença. E ele me diz: "Não importa. Não precisamos disso. Não está certo. Não são esses os nossos valores e ponto. Eu me importo, você se importa e isso basta. Nós comemos, nós pagamos, nós somos pessoas honestas".

Essas coisas iam moldando um jeito de ver a vida. Ele passeava pelas gôndolas e ia me mostrando, pacientemente, o quanto elas estavam bem arrumadas, apontava cada embalagem bacana que chamava a atenção. Cada oportunidade que ele tinha era aproveitada para me trazer alguma lição de vida prática.

Lá em casa, as tarefas eram divididas. Eu ia ao supermercado, limpava a piscina e arava o jardim. Minha irmã ia à feira e ajudava em casa. Era assim e pronto, cada um se responsabilizava por certas coisas. Pensa que era divertido sempre? Não, claro. Eu e minha irmã reclamávamos, tentávamos negociar, fazer manha, mas não tinha jeito. E quando a coisa apertava numa discussão, meus pais se fechavam no quarto e depois saíam com uma decisão, sem apelo. Contra o casal, não tinha nada igual.

Minha avó materna, Rosa, me marcou por ter sido sempre muito delicada, carinhosa. Ela lavava minha mão antes do almoço com suas mãos gordinhas e macias. Meu avô paterno, Szyja, era um homem sério, forte, imponente, sempre bem-vestido e que falava firme. Quando havia almoço na casa dele, todos, sem exceção, iam. E não se atrasava um minuto. Por quê? Porque ele chamou e ponto. Ao lado dele, minha avó Miriam fazia um monte de pratos de comida e a família ficava junta comendo o dia todo.

Talvez por ter tido a sorte de nascer em meio a tanta gente que se importava é que eu fico tão mobilizado com o esfacelamento que vem acontecendo nas famílias. Quem cresceu com uma boa família tem o dever de dar aos filhos o direito de saber o que é o amor verdadeiro, o que é ter quem se importe com a gente.

Espero que esta seja uma excelente leitura e que este livro o toque de um jeito gostoso, despertando todo seu amor, não somente por seus filhos, mas por si mesmo, pela pessoa que você merece ser e será, ao construir a sua família do jeito que você sabe que deve acontecer. Que tal ser o pai ou a mãe que você realmente merece ser? A sua família está a um passo de acontecer. Vamos juntos? Será um prazer!

# PREFÁCIO

*O que fazer para formar um filho com sonhos, ambições sadias e um bom projeto de vida para si e para a sociedade?*

As pessoas não sentem falta do que não conhecem, mas sofrem as consequências disso. Esse é um dos motivos pelos quais há tantos tipos de pais: negligentes; permissivos; autoritários; participativos. Muitos pais, após ler alguns livros de educação, lamentam não os terem lido alguns anos antes, quando os filhos ainda eram pequenos e "educáveis". Filhos que hoje sofrem de vários males: sentem falta de entusiasmo pela vida; não querem estudar; não assumem responsabilidades; querem regalias sem ter mérito; não acatam as ordens nem os pedidos dos pais ou professores; ouvem mais os amigos e consomem qualquer produto, inclusive drogas, etc.

Muitos pais até confessam que erraram: "Fiz tudo errado com meu filho! Ele tem dois anos. Ainda tem jeito?"; "Não foi para você fazer isso que eu te eduquei"; "Eu tento fazer tudo certo, mas o pai (ou mãe) é que estraga o filho"; "meu filho não quer nada com nada, e agora?".

Está mais que na hora de pais e educadores melhorarem suas competências educativas! Eles devem buscar informações, para selecionar conhecimentos a ser aplicados no dia a dia da educação, em livros, cursos, palestras, consultas a especialistas e na imprensa vista, falada e ouvida, presencial ou virtual.

Para desenvolver essas competências é muito bom ler, aprender e apropriar-se dos conhecimentos deste livro, **Meu filho chegou à**

# PREFÁCIO

**adolescência, e agora?**, cuidadosamente escrito pelo psicólogo, educador e escritor Leo Fraiman. Leo já me conhece desde os seus tempos de faculdade, quando estudava em livros de minha autoria. Sempre foi e é um estudioso das mentes humanas, e por isso mesmo, além de excepcional "cuidador" de adolescentes e seus pais, é estrela maior para as escolas. Nosso primeiro contato foi quando palestramos em um mesmo congresso de Educação, mas em dias diferentes. Foi no nosso alfaiate que nos conhecemos melhor. Gostei dele. Desde então estreitamos relacionamento e gostei ainda mais dele. Interessei-me por seu riquíssimo projeto OPEE (Orientação Profissional, Empregabilidade e Empreendedorismo), adotado por muitas escolas para formar uma nova geração de cidadãos éticos, progressivos, felizes e de Alta Performance... e cá estou eu prefaciando este seu excepcional livro.

Sugiro que em seguida leia o sumário, que chama por temas que interessam a todos os pais: em cada capítulo Leo traz a grandeza da sua alma. Você, leitor(a), vai desvendar, no capítulo **"Dez forças da alma na formação do caráter da família"**, quais são elas, como funcionam e como desenvolvê-las para o seu próprio benefício, o dos seus e o da humanidade. São elas: intuição, razão, atitude, amor, firmeza, harmonia, coragem, perspectiva, ação e espiritualidade.

Este livro é um GPS do nosso tempo, do futuro de alguns anos atrás e de um presente que se faz estender, onde o culto à imagem e ao prazer egoísta está muito acima da ética e da civilidade. Não podemos acreditar num futuro melhor se não educarmos muito bem esta geração de crianças e adolescentes que logo terão seus filhos, nossos netos. Este livro fornece bases para localização, organização e foco para os pais educarem esta nova geração. Eu também gostaria de tê-lo escrito e, acredito eu, será o seu livro de cabeceira.

Recomendo com muita convicção a sua leitura, pois ela fará a diferença na sua vida e na dos seus filhos.

*Içami Tiba*

Psiquiatra, escritor, consultor de famílias e escolas

# SUMÁRIO

Apresentação .................................................................07

Prefácio de *Içami Tiba* ...............................................10

Por que escrevo este livro .........................................15

Mudanças neurológicas da adolescência: o "bode", a irritação, os riscos ..................................................................21

As células do amor .....................................................31

Tipos de pais ..............................................................35
    Pais negligentes .................................................. 38
    Pais permissivos .................................................. 45
    Pais autoritários .................................................. 54

Pais participativos .....................................................61

A mulher mudou e, com isso, a família também... E agora? ....69

A transformação da família .......................................77

O que acontece quando os pais se afastam da educação dos filhos ......................................................................83

Uma maior participação na vida escolar ..................89

A onda de consumismo e permissividade .................95

O cérebro: alimentos e venenos ...............................101

A neurociência da frustração: como o cérebro reage aos sentimentos ...........................................................105

**Vamos ao básico: a educação financeira e a formação da autonomia** ......117

**O estresse bloqueia a mente. O abandono nos estressa** ........133

**Os modelos vividos em casa se repetem nas relações escolares** ......137

**Por que se fracassa na escola** ......143

**Fatores implicados no distanciamento casa-escola** ......147
Falta de orientação aos pais ......149
O passado que contamina ......150
Falta de tempo ......150
Mudanças no núcleo familiar e o automatismo cego ......152
Mudanças no núcleo familiar: divórcios ......153
Mudanças no núcleo familiar: todo mundo quer ser jovem ......158
Mudanças no núcleo familiar: pais sem limites e a omelete de papéis ......161
Mudanças no núcleo familiar: produção independente, pais homossexuais, avós que cuidam ......166

**Profissionalizando as atitudes em casa: do espontaneísmo ao alinhamento de papéis na vida familiar** ......169

**Dez forças da alma na formação do caráter da família** ......179

**Educar como um ato social: mais benefícios do envolvimento dos pais na educação escolar** ......221

**Alguns estudos motivadores sobre a participação dos pais na educação escolar** ......227

**Concluindo** ......232

**Projeto de vida** ......238

# POR QUE ESCREVO ESTE LIVRO

ma interessante pesquisa feita com uma metodologia desenvolvida pela Nasa, em 1998, para detectar ideias criativas, percebeu que crianças de 5 anos tinham 98% de ideias criativas, ao passo que aos 15 anos esse número caía para 15% e aos 25 anos as ideias realmente criativas não passavam de 2%. Isso representa uma verdadeira devastação de ideias e sonhos, um *tsunami* no desejo de viver e usar a mente para criar o futuro.

Novas pesquisas foram feitas em 2006, e dados similares foram encontrados. Por que isso acontece? O que fazer para formar um filho com sonhos, ambições sadias e um bom projeto de vida para si e para a sociedade? Essas são as perguntas que iremos explorar neste livro.

Há vinte anos trabalhando com adolescentes, venho observando um agravamento na situação dos jovens no Brasil. A cada dia

MEU FILHO CHEGOU À ADOLESCÊNCIA, E AGORA?

recebo em meu consultório mais pacientes cujos pais se queixam de que os filhos estão desmotivados, desinteressados, desleixados, um monte de "des" na fase em que sua vida deveria estar explodindo de novas possibilidades e desejos.

É como se estivessem amortecidos perante a vida, sem estarem satisfeitos nem felizes. O consumo de drogas aumentou vertiginosamente nos últimos vinte anos, da mesma forma que o uso de álcool e os índices de violência.

A renda das famílias brasileiras também aumentou, mas isso de nada adianta, pois mais dinheiro não traz mais felicidade. O que deveria ser motivo de contentamento tem se revelado insuficiente para motivar as futuras gerações, que irão desfrutar as conquistas de hoje e formar o panorama em que iremos viver na velhice. O que vemos é um aumento de jovens sem projeto, sem ambição e sem interesse.

Algumas causas que percebemos atuar nesse panorama:

→ ainda são raras as escolas que incluem valores humanos em seu currículo;

→ o número de instituições que oferecem cursos de projeto de vida, escolha profissional, empregabilidade e empreendedorismo é insuficiente;

→ temas como convivência e autoconhecimento ainda são pouco encontrados nos currículos escolares;

→ os pais trabalham cada dia mais e passam cada vez mais tempo fora do lar;

→ com o passar dos anos, as famílias se afastam da escola e na fase da adolescência isso se agrava ainda mais.

A pergunta que fica é: quem e como se está educando essa geração?

POR QUE ESCREVO ESTE LIVRO

Este não é um problema brasileiro. Na Itália, eles são chamados de *NINIs* (*ni* trabalham, *ni* estudam). Na Austrália, de Juventude Canguru (afinal, não querem sair da casa dos pais). Na Inglaterra, são conhecidos como *NEEts: Not in Education, Earning or Training* (não estão sendo educados, recebendo renda nem treinamento). Nos Estados Unidos, a editora do site www.psychologytoday.com os chamava, já em 1998, de *a nation of wimps* (uma nação de covardes).

Depois de concluir o ensino médio, um jovem brasileiro deve escolher sua profissão para assim assumir posteriormente o seu lugar na sociedade. Veja como fica essa situação ao fim de anos de estudo e formação:

- ↳ menos de 5% deles sentem convicção sobre o curso para o qual pretendem prestar o vestibular;
- ↳ 27% deles desistem dos cursos universitários nos primeiros anos, muitos deles para não fazer nada depois;
- ↳ 53% dos brasileiros trabalham em áreas distintas daquelas em que se formaram;
- ↳ 92% das pessoas não se sentem satisfeitas profissionalmente;
- ↳ temos uma demanda de mais de 8,5 milhões de profissionais qualificados.

No Brasil, gasta-se mais no combate às drogas do que na oferta de atividades significativas, que possam auxiliar os adolescentes a construir seu projeto de vida. Há um número crescente de jovens que têm confundido diversão com destruição, acabando com seu corpo e com seu cérebro nas HPs da vida: as *house parties* (festas caseiras), nas quais rola bebida solta e muitas vezes até drogas, sem nenhum adulto por perto para observar, intervir, mediar alguma situação mais dramática. Pais alugam ambulâncias para as festas de

MEU FILHO CHEGOU À ADOLESCÊNCIA, E AGORA?

15 anos de suas filhas e contratam médicos de plantão, pois sabem que lá, muito provavelmente, alguém irá "se acabar".

Educar um filho e formar uma família estão entre as maiores obras de um ser humano. São eles, os filhos, que levarão o legado que deixamos para as futuras gerações.

Infelizmente, porém, essa missão tem sido associada a sacrifício, a um fardo pesado demais. Em função disso, fica mais fácil encontrar desculpas para abandonar os filhos a si mesmos e deixar que eles façam, cedo demais, suas escolhas.

Educar um filho é sempre uma ação social. Quando um filho adota um mau hábito como o de usar álcool ou drogas, pode acabar não apenas com a própria saúde, mas estará invariavelmente levando junto — por maus hábitos, desinteresse pela vida ou mesmo por acidente — alguns de seus amigos, a saúde de seus pais, o sono de muitos familiares. E tenderá a influenciar outros tantos amigos, afinal ninguém gosta de se afundar sozinho.

Quando numa sala de aula um pequeno grupo de alunos decide "zoar" os professores, não são apenas eles que se prejudicam, mas toda a turma, que aprenderá muito menos do que seria esperado.

O pior é que muitas vezes os filhos não contam aos pais que há em sua classe uma turminha puxando o rendimento para baixo, seja por medo ou porque acabam achando engraçado e não percebem o prejuízo educacional no longo prazo.

Em geral, os professores se sentem menosprezados e enfraquecidos. Se um grupo de alunos vai mal, em termos de notas ou de rendimento escolar, a culpa é sempre do professor. 'Se o professor é bom, deveria saber controlar toda a sala." "Quem sabe dar aula segura qualquer aluno." "Se os alunos estão bagunçando, é porque o professor não tem pulso", é o que pensam muitos pais.

Alguns mitos dos quais precisamos nos livrar:

- bons professores conduzem com segurança qualquer turma;
- se os alunos fazem bagunça é porque a aula deve ser chata;
- não é tão importante obedecer, afinal, na vida a gente tem de saber se impor;
- educar é papel dos professores, é para isso que eles são pagos;
- hoje em dia, é o aluno que faz a faculdade, já não importa tanto entrar numa instituição de ensino renomada.

Bons professores não fazem mágica sozinhos, eles precisam do apoio da família para obter sucesso em suas ações.

É preciso que você saiba: as crianças dançam nas festinhas, cantam nos corais, jogam nos campeonatos escolares e estudam para suas provas para aprenderem, sim, mas também para perceberem nos colegas e nos familiares o sorriso, a validação e o reconhecimento.

Sim, muitas das ações do seus filhos são realizadas principalmente para que você, pai ou mãe, os reconheça. Eles aprendem as coisas para pertencer ao mundo que você valoriza.

Meu maior desejo é que este livro possa ajudar sua família a refletir sobre o estilo de educação que deseja oferecer a seus filhos.

O que lhe ofereço nesta obra é como um GPS, aquele aparelho que usamos no carro para nos orientarmos pelas ruas de uma cidade. Seu GPS interno, sua intuição é seu principal instrumento de educação. Se você comprou ou ganhou este livro, é porque aceitou que há algo mais a ser feito em sua casa para que ela seja o lar que sempre desejou.

Todos temos um senso que nos indica se estamos no caminho, ou se algo está errado. Quando nos perdemos, podemos parar

MEU FILHO CHEGOU À ADOLESCÊNCIA, E AGORA?

e perguntar a terapeutas, educadores, vizinhos ou amigos do trabalho ou da academia como nos recolocar na rota que nos leva a um bom destino.

O que não podemos é fingir que nada está acontecendo. Na adolescência, os filhos ainda precisam de muita orientação, de cuidados e de apoio. Não dá para deixá-los tomarem conta de si em plena fase de descobertas e emoções intensas sem supervisão e diálogo.

Claro que estar perto dos filhos quando eles são crianças pode parecer mais divertido, mais fácil e mais simples. Quando os filhos entram na adolescência, parece que não precisam mais dos pais e mostram o sinal vermelho cada vez que estes tentam participar. Além disso, eles crescem em tamanho e em voz e aprendem a argumentar. Dão a impressão de que já sabem o que é melhor para si, aumentam o volume da voz e saem andando quando os pais os contrariam.

Culpados por trabalharem muito, ou para serem amigos dos filhos, por cansaço e para não arrumarem confusão, muitos pais abandonam seus filhos a si mesmos, dizendo que eles não têm limites. Ora, são esses pais que se limitam cedo demais, que sem perceber — e certamente sem querer — contribuíram de alguma forma para devastar os sonhos, os projetos, a ambição e o interesse dos filhos. Afinal, eles não nasceram assim.

Isso significa que estamos diante de um problema da mesma gravidade que o aquecimento global: o desaquecimento emocional de uma geração de jovens.

Se lhe incomodam a indiferença, a violência, a insensibilidade e a possibilidade de termos cada dia mais vidas desperdiçadas, este livro vai fazê-lo rever algumas de suas atitudes, e eu espero realmente ajudá-lo a manter com amor e firmeza o compromisso que um dia você fez quando soube que teria um filho e formaria a sua família.

# MUDANÇAS NEUROLÓGICAS DA ADOLESCÊNCIA: O "BODE", A IRRITAÇÃO, OS RISCOS

**PROJETO DE VIDA** e **ESCOLHA PROFISSIONAL...** na prática

*QUEM FALOU* que a escolha da profissão tem que ser para o resto da vida? Em plena fase de mudanças internas, e no corpo todo, querer que seu filho lhe garanta que sabe o que quer fazer "para o resto de sua vida" geralmente é pedir demais.

A escolha profissional é apenas o primeiro passo rumo a um campo de conhecimento. Ao longo da vida, novas necessidades aparecerão – seja porque o adolescente mudará de interesses (o que é normal), seja porque percebeu novas oportunidades (o que é sinal de empreendedorismo), seja porque o chefe ou o mercado lhe deram sinais da necessidade ou de oportunidades que possam ampliar sua formação ou mudar de ocupação ou profissão mesmo. A maturidade e a carreira são construções dinâmicas.

Nesta etapa, os pais passam a ser copilotos do projeto de vida e não mais os comandantes. Acostume-se a isso. O projeto de vida, como a própria vida, é do seu filho. Ocupe seu espaço, não mais do que isso.

*Na família A, os pais não estão nem aí se os filhos são estudiosos. Afinal, eles trabalham o dia inteiro e pensam que, já que pagam a escola, esta que cuide da educação dos filhos. Quando chamados a reuniões, não têm tempo e, se a escola pede sua colaboração, dizem que vão ajudar, mas logo esquecem. Para eles, a escola é um mal necessário e seus filhos não gostam de estudar, afinal cresceram ouvindo que os pais venceram na vida sem diploma universitário – que, nesta casa, é apenas uma formalidade.*

# Que TIPO de família é a SUA?

*Na família B, os pais valorizam a educação e o bom comportamento dos filhos. Eles acompanham o andamento escolar: verificam o boletim, tentam ver o que está errado, ajudam, conversam sobre isso e, se preciso, recorrem a educadores e a outros profissionais. Se não podem ir a reuniões por causa do trabalho, propõem outro dia. Para eles, o diploma é um certificado de crescimento, de respeito pelo aprendizado, a prova de terem investido na formação de um ser humano mais educado e mais preparado.*

 adolescente com frequência é desconfiado, tendendo a se mostrar repentinamente chateado ou irritado, além, claro de um tanto inconsequente. Já viu isso em algum lugar? Isso lhe aborrece? Calma, está apenas começando. Visualize a cena descrita abaixo...

A filha está passeando com a mãe no shopping, em busca daquele vestido para a festa, felizes da vida, batendo o maior papo. De repente, a garota se irrita, cruza os braços, muda a cara e empaca, dizendo: "Mãe, este shopping não tem nada. Tá um saco aqui, vamos embora!".

A mãe não entende nada e diz: "Mas filha, a gente acabou de chegar, vamos ver o que tem nas outras lojas, a gente vai achar o seu vestido". Ao que a garota responde: "Pode ir sozinha, que eu cansei. Este shopping tá um saco, mãe, vamos embora".

Isso lembra algo em sua vida? Se sua filha já mostrou atitude similar, ela não estava lhe provocando, mas tinha sido "sequestrada" por uma redução da quantidade de dopamina no cérebro. Essa substância é um neurotransmissor da felicidade, ou seja, é produzida quando vemos, vivemos, escutamos ou sentimos algo que nos deixa felizes.

Em muitas situações como esta ocorre como que uma "TPM instantânea", que faz com que tudo pareça mais chato e desinteressante, mas não por culpa de sua filha nem porque ela se tornou de repente uma malcriada.

Toda essa inquietação é quase impossível de ser dominada por completo. Quem tem filho nessa idade sabe que eles têm rodinhas nos pés e língua afiada. Isso é um reflexo da redução das conexões de uma área do cérebro chamada "núcleo acumbente", a área responsável pela recepção da dopamina. Nessa idade, os jovens perdem cerca de um terço dos receptores desse neurotransmissor e por isso frequentemente se mostram irritadiços e "de bode", ou de "saco cheio".

Nesse momento, muitos pais, não aguentando a cara feia, o mau humor repentino e não entendendo que justamente nessa fase os modelos estão sendo revistos e que rever nossas verdades é fundamental para formar nossa identidade, tendem a se afastar dos filhos. Numa idade em que estar presente é essencial, apostando no imediatismo e no espontaneísmo, no fazer o que se tem vontade, os pais dizem que seus filhos não têm limites, mas são eles que se limitam cedo demais.

Limitando seu afeto e sua presença, os pais perdem a conexão de confiança com os filhos, deixando de ser para eles um bom modelo, uma boa figura de autoridade, uma referência sadia e estável, justamente numa hora delicadíssima. Isso pode gerar diversas consequências danosas, seja na vida escolar ou em outras áreas.

## MUDANÇAS NEUROLÓGICAS DA ADOLESCÊNCIA:
## O "BODE", A IRRITAÇÃO, OS RISCOS

Os pais precisam lembrar que o jovem está apenas em busca de novos modelos e de sua identidade. Quando sente que seus pais se afastam ou não o compreendem, também se defende não os deixando entrar em sua vida. Adolescentes amam quem sentem que os ama. Simples assim. Amar um adolescente é um desafio delicado, pois eles mudam de repente e sem avisar.

O professor que no ano passado era idolatrado passa a ser visto como chato. Um namoro que parecia o maior amor da vida de repente não significa mais nada.

Seu filho, que era um doce de pessoa até "ontem" e adorava bater papo com você até altas horas da madrugada, agora, de repente, responde tudo com: "Sim", "Legal", "É", "Sei", "Beleza".

Não, isso não quer dizer que seus filhos deixaram de amar você. Estão apenas passando por um processo em que as atenções ficam mais voltadas para dentro deles mesmos, pois novas conexões cerebrais estão sendo formadas nessa etapa de vida, num processo paralelo ao sequestro de dopamina. Nessa etapa de vida, precisamos tomar uma série de decisões e escolher:

- com quem iremos andar,
- que marcas admiramos e quais as de que não gostamos,
- para onde vamos,
- que profissão seguir,
- que universidade escolher,
- que tipo de aluno seremos,
- o que nos alimentará dali em diante,
- quais regras aceitamos e quais debateremos,
- como queremos cuidar do nosso corpo,
- se continuamos com a religião de nossos pais ou a abandonamos,
- nossa filosofia de vida,

MEU FILHO CHEGOU À ADOLESCÊNCIA, E AGORA?

↳ em que valores acreditamos,
↳ que papel iremos desempenhar na sociedade,
↳ como passar nosso tempo livre,
↳ que outras habilidades queremos desenvolver,
↳ que livros iremos ler,
↳ com quem nos sentimos bem ao trocar ideias,
↳ quando e como ter a primeira relação,
↳ a quantas redes sociais pertencer,
↳ o que expor de si nas redes sociais,
↳ com que tipo de pessoa nos sentimos bem em trocar afetos,
↳ quem desejamos e quem rejeitamos afetivamente,
↳ quem desejamos e quem não desejamos sexualmente,
↳ que contato teremos com a nossa comunidade,
↳ como iremos lidar com o dinheiro,
↳ com que grupos iremos andar,
↳ como driblar o tão tentador consumo de álcool, de drogas e de tabaco.

E tem gente que fala que o adolescente precisa "apenas estudar". Mero engano, miopia. Em um momento tão rico em definições, é de se esperar que a mente se volte para dentro, a fim de que as verdades pessoais sejam formadas de modo autêntico. Parece uma fase egoísta? E precisa ser assim.

Diante de tantas incertezas e novidades pela frente, os adolescentes admiram pessoas que se vestem, se comportam ou se mostram de formas exageradas, mesmo que sejam chocantes, pois essas personalidades tiveram a coragem de assumir uma posição, mesmo que perigosa, mesmo que digna de represálias, mesmo que contrária à maioria. A intensidade os fascina, até mesmo porque o tédio os domina.

## MUDANÇAS NEUROLÓGICAS DA ADOLESCÊNCIA:
## O "BODE", A IRRITAÇÃO, OS RISCOS

Esses ídolos geralmente se permitem seguir seu desejo interior, fazer o que querem, assumir uma identidade própria, algo que é muito relevante para a vida do adolescente. Nessa etapa da vida, ousar, experimentar, buscar o novo são necessidades. Precisa ir a todas as festas? Sim! Ouvir o som tão alto? Sim! Pode tudo isso? Não!!! Imagine se neste momento, em que tantos novos horizontes apontam em nossa vida, tivéssemos muita capacidade de refletir. Talvez não enfrentaríamos o medo de atravessar a pista de dança para conhecer aquela garota maravilhosa, não teríamos a coragem de cantar em um festival na frente de tanta gente ou mesmo de enfrentar um vestibular com tantos outros concorrentes.

Avaliar os perigos em demasia poderia nos deixar numa zona de conforto que não nos permitiria crescer e ultrapassar aquilo que as gerações anteriores construíram. Assim, simplesmente, a evolução não aconteceria.

Ser adolescente é também viver um momento de experimentação, de alguma transgressão e de algum namoro com o risco e a novidade. Sem arriscar, sem certa impulsividade, sem certa inquietação e irritabilidade com o que é e com o que está aí, não expandimos nossos horizontes, nossas possibilidades.

Nessa etapa da vida, o córtex pré-frontal, a área responsável pela tomada de decisões, pelo freio moral, pela avaliação dos perigos e pela reflexão moral, ainda não está totalmente formada e isso faz com o que cérebro não perceba certos perigos, problemas ou consequências que os adultos já conseguem perceber. Ou deveriam. Quando os filhos dizem:

↪ "Qual é o motivo de tanta preocupação?"
↪ "Por que não posso beber, se tanta gente bebe?"
↪ "Para que tanto controle?"

↳ "De novo esse papo de camisinha?"

↳ "Qual é o problema de eu tentar fazer isso?"

↳ "Por que se preocupar como voltarei da balada? Eu dou um jeito."

↳ "Por que não posso prestar para essa profissão que eu quero?",

... eles não estão enchendo, não estão aborrecendo, não estão trazendo problemas e sim buscando sua própria vida, suas próprias verdades, suas crenças e seus valores. Eles estão adolescendo e nascendo para uma nova etapa de vida.

Isso é mais um motivo para participar e estar perto deles. Diante de novos modelos que eles conhecerão no seu dia a dia, que nem sempre são sadios, diante de tantos testes que serão feitos por eles — e com eles —, diante dos perigos e escolhas, se os pais se afastam, como poderão cuidar ou ajudar nas situações delicadas que invariavelmente os filhos tendem a viver?

Como uma mãe consegue identificar os tipos de choro de um filho? Porque ela convive intensamente e por horas a fio, e, assim, sabe distinguir o choro de dor, de fome ou do pedido para ser trocado. Pais que cuidam de seus filhos têm níveis similares de intuição na leitura dos sinais do bebê. O "instinto materno" é algo a que todo ser humano pode ter acesso quando convive abertamente com seus filhos.

Essa intuição é fruto de um treino sistemático de detecção de pequenos e sutis padrões de mudanças na voz, nas expressões faciais e nos movimentos do corpo. Essas habilidades de empatia são totalmente treináveis.

Pais com integridade e presença efetiva são os condutores da família. Eles se esforçam para levá-la para o caminho do bem e para a felicidade, almejam grandes resultados dentro de casa e não se colocam como passageiros nem observadores, pois sabem que são os líderes do time e não hesitam em cuidar, amar e orientar.

MUDANÇAS NEUROLÓGICAS DA ADOLESCÊNCIA:
O "BODE", A IRRITAÇÃO, OS RISCOS

Pais participativos sabem que cabe a eles o papel de liderança e que, se não o fizerem, alguém de fora, sabe-se lá com que bagagem e intenção, irá conquistar o coração e a mente de seus filhos. Pais participativos não querem ver os filhos crescidos, querem vê-los crescendo. Eles não se escondem em respostas simples diante dos problemas, pois sabem que sua família tem problemas — e todas têm —, mas eles os enfrentam.

Esses pais decidem colocar em prática as suas melhores habilidades e competências: foco, perseverança, planejamento, disciplina, atualização constante, bom manejo de situações de estresse, flexibilidade, bom humor, atitude empreendedora, flexibilidade, cuidados na comunicação e muito mais, dentro do lar e não apenas no trabalho. E essa postura vale a pena: o índice de autoeficácia nesses filhos é de impressionantes 75%.

O esforço compensa em muitos outros aspectos: 63% deles têm autoestima elevada e boas habilidades sociais. Mais da metade, 54%, são otimistas e apenas 14% deles sentem sintomas depressivos, com menos de 5% de estressados dentre esses filhos.

Uma mãe publicitária pode decidir usar sua criatividade para fazer campanhas de motivação para os estudos da filha, pois sabe que de nada adiantará vender muitas ideias para os consumidores se os próprios filhos não comprarem suas mais delicadas crenças sobre a importância da vida.

Um pai médico pode dedicar a mesma delicadeza que usa em suas cirurgias às palavras lançadas dentro de casa.

Um pai psicoterapeuta poderia escutar a filha com a mesma atenção dedicada a cada um dos pacientes. Uma arquiteta ensinaria a filha a desenhar e a caprichar nas lições de casa com o mesmo amor e paciência com que trata cada um dos seus projetos. O pai engenheiro ensinaria os filhos sobre lógica na tomada de decisões, a mãe jornalista olharia as redações das filhas com esmero e poderia

MEU FILHO CHEGOU À ADOLESCÊNCIA, E AGORA?

até criar um jornal da casa, com notícias bacanas e seções de todos os interesses dos filhos.

Alinhar o modo como trabalhamos profissionalmente com a forma com que tratamos nossos familiares é um dos pontos centrais de uma família íntegra.

Isso equivale a usar em casa o que dá certo fora dela. Afinal, como diz o ditado popular: "Nenhum sucesso compensa o fracasso do lar".

A saúde de uma família está diretamente relacionada com o grau de integridade que os pais imprimem em seu lar. Integridade em três níveis: entre eles próprios; entre seu papel social e familiar; e a integridade em relação à sua própria alma, sua porção mais elevada. Quanto mais participativos, mais os pais tendem a esperar bons resultados escolares de seus filhos. Por esperarem isso,

↪ planejam atividades,

↪ dividem tarefas,

↪ colaboram entre si,

↪ fomentam a cooperação dentro de casa,

↪ incentivam o espírito de time, todos por todos,

↪ avaliam constantemente os resultados,

↪ incentivam progressos,

↪ reconhecem problemas e os enfrentam com criatividade e proatividade,

↪ visitam a escola com uma atitude positiva e colaborativa.

Participar é mostrar no dia a dia que o estudo e o saber são realmente importantes, não apenas da boca para fora. Quando isso é feito, muitas coisas boas acontecem, numa espiral positiva de: proximidade − cumplicidade − busca conjunta de recursos − realização de resultados − mais proximidade − convívio seguro − autoconfiança.

# AS CÉLULAS DO AMOR

**PROJETO DE VIDA** e **ESCOLHA PROFISSIONAL...** na prática

*Pesquisa da OIT* (Organização Internacional do Trabalho) de 2009 revelou que, no Brasil e em outros países, o índice de pessoas satisfeitas no trabalho é de apenas 8%. Se você só fala do que faz como algo cansativo e entediante, se na mesa do jantar todos ficam reclamando do chefe, dos clientes, da vida... como seu filho pode associar trabalho com realização pessoal?

Quando falar do seu trabalho ou for contar como foi seu dia, lembre que essas são as suas opiniões e refletem a *sua* história. Cada pessoa é única, cada profissional traça *sua* própria trajetória e seu filho tem o direito de sonhar com seu próprio projeto de vida e de ser estimulado a realizar-se.

Se você se realiza no que faz, explicite isso, senão aproveite o espírito apaixonado de seu filho adolescente para reapaixonar-se pelo que faz, para ajudá-lo a se motivar a uma vida iluminada e realizada. Você e suas atitudes são modelos para seus filhos.

*Na família A, as refeições são sempre uma festa. Bolos, tortas, refrigerantes, uma série de guloseimas são oferecidas para que o ato de comer seja alegre e envolvente. Na ida ao supermercado, cada um pede o que mais gosta e a despensa da casa parece uma loja de conveniências. Até um caso de obesidade inicial já se instalou, mas no lugar de preocupação o que se vê são brincadeiras a respeito. Aos 15 anos, Paula já desejava sua primeira lipo. O pai topou.*

# Que **TIPO** de **família** é a **SUA?**

*A família B adora batata frita, bolo de chocolate, picanha, mas, para o sr. Pai, cuidar da boa forma dos filhos é um modo de mostrar o quanto zela por sua saúde. Assim, ele e sua esposa determinaram que apenas 10% das refeições seriam baseadas no querer. As demais são escolhidas pelo que eles (pais e filhos) precisam comer de fato. Chamaram um nutricionista e a cada seis meses ele ajuda a montar receitas deliciosas que trazem energia, vitalidade e preservam a saúde. Para essa família, estar saudável é cuidar-se de dentro para fora.*

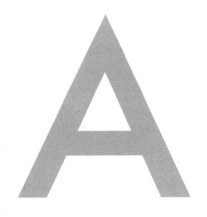

Amar um bebê é tarefa simples. A natureza nos dotou de células-espelho, espalhadas pelo cérebro, que são responsáveis pela imitação de expressões faciais de nossos semelhantes. Suzana Herculano-Houzel, em seu livro *Por que o bocejo é contagioso*, explica que é quase impossível não rir quando outra pessoa ri para nós por causa delas, dessas células. Elas nos conduzem a uma imitação facilitada, que faz com que leiamos com alguma precisão os sentimentos e intenções alheios, permitindo perceber quem é nosso amigo e de quem devemos nos defender.

É devido a esse tipo de células que temos sido tão eficientes em formar grupos e, graças a elas, conseguimos vencer nossa fragilidade natural. Que chance teríamos de vencer um tigre, uma cobra ou um jacaré com nossos braços, bocas e mãos? Como somos muito mais frágeis e indefesos do que esses animais, usamos nossas células-espelho para nos aliarmos uns aos outros.

Se não corremos, podemos (juntos) criar um carro, que nos leva longe de nossos predadores. Nossos olhos não enxergam longe, mas (em grupo) criamos óculos. Nossas mãos não são tão fortes como as de um gorila, mas (unidos) podemos criar armas, abater outros animais e sobreviver da caça.

Esse tipo de célula se aprimora com o uso e por isso, quando se convive em um ambiente onde há validação mútua, onde as pessoas se percebem e se respeitam, é mais fácil reconhecer os sentimentos alheios e ter consideração, o que nos leva ao respeito social e à solidariedade.

Pais participativos exercitam suas células-espelho constantemente e por isso percebem o que seus filhos sentem com mais facilidade. Sendo percebidos, esses filhos também tendem a considerar os outros com os quais convivem, sejam amigos, colegas ou professores. Pais assim têm bom-senso, ou seja, eles sentem bem seus filhos e as necessidades reais deles. E as atendem.

Crescer em um ambiente de validação mútua é um dos fatores mais relevantes para a saúde de uma pessoa. O pior dos castigos que uma pessoa pode sofrer, muito pior do que a própria agressão, é o abandono.

Pense na história da humanidade, o que se fez com as lideranças tidas como "perigosas": o ostracismo, o isolamento e a separação do grupo sempre foi uma estratégia de enfraquecimento alheio. Quando um preso se comporta mal, ele é mandado para a solitária. Quando um filho se comporta mal, ele é mandado para o quarto. O princípio é o mesmo: necessitamos de contato humano para estar bem e felizes. Ser privados disso em nosso desenvolvimento tem consequências graves em diversas áreas da vida.

Por isso, compreender bem a adolescência permitirá que você não se afaste justamente no momento em que seus filhos precisam — e muito — de você.

# TIPOS DE PAIS

---

**PROJETO DE VIDA** e **ESCOLHA PROFISSIONAL...** na prática

*CADA TIPO* de pai participa da formação do projeto de vida dos filhos de modo diferente. A partir do que ouve dos pais, o filho tende a formar uma visão de mundo e a adotar atitudes alinhadas com ela. Avaliar a forma como fala com ele sobre seu futuro faz toda a diferença.

Pais negligentes dizem: "Em que ano você está mesmo?"; "Vai mesmo querer prestar? Você?".

Pais permissivos costumam dizer: "Faça o que quiser"; "Qualquer faculdade está bem, querido".

Pais autoritários: "Isso não é profissão de homem, menino!"; "Isso não dá dinheiro".

Ainda no começo de sua vida, quando se iniciam novos sonhos, quando o espírito empreendedor está em plena formação, será que alguma dessas falas realmente pode motivar alguém a crescer, a amadurecer e a se tornar o melhor que pode ser? O que você gostaria de ouvir nessa etapa tão delicada da vida?

*Os pais da família A se separaram há pouco tempo. Aos fins de semana a filha costuma almoçar com o pai e passar o dia com ele. Porém, quando volta para casa, sua mãe fica, com grande frequência, perguntando sobre o ex-marido, sua vida particular, seus possíveis novos relacionamentos e desabafando com a filha sobre as angústias da separação e da sua situação atual, sem ao menos considerar os sentimentos da menina. A mãe fica aliviada, e a cabeça da menina fica repleta de questões e dilemas. Como amar este pai que faz tanto mal à sua própria mãe?*

# Que TIPO de família é a SUA?

*Os pais da família B se separaram há pouco tempo. Embora tenha sido uma separação demorada e difícil para todos, os pais se falam aos fins de semana para combinar quem leva ou busca a filha para ver o pai, que agora está morando sozinho. Quando volta para casa, sua mãe frequentemente lhe pergunta como foi o fim de semana com o pai, dando espaço para que a filha compartilhe o que considera relevante. A mãe tem muita curiosidade, sentimentos e conflitos com relação à separação, mas evita misturar o que sente aos sentimentos que a filha possa vir a ter.*

odos os pais querem o melhor para seus filhos. Todos os pais querem acertar. Como perceber se estamos na direção certa? Como podemos saber se as regras da casa são leves demais, livres demais ou se as vias do diálogo estão muito estreitas?

Existem diferentes tipos de pais hoje em dia. O melhor estudo que encontrei sobre o tema foi o da psicóloga paranaense Renata Cafardo, em 2005. Ela nos mostra que há quatro tipos de pais: negligentes, autoritários, permissivos e participativos.

Comentarei a seguir a minha percepção acerca desses tipos de pais na experiência que venho tendo como orientador educacional e profissional, como professor e psicoterapeuta. Os dados percentuais são da pesquisadora e os comentários são extraídos da minha vivência e do que senti no dia a dia nos últimos vinte anos em diversas escolas em todo o País.

## Pais negligentes

A turma do "Tô nem aí": eles oferecem poucas regras e limites, dão pouco afeto e não se envolvem na vida dos filhos. Esses pais não têm muito tempo para educar as crianças, afinal, "há coisas mais importantes a fazer". Muitos acreditam que outros podem fazer esse papel (de educadores) para seus filhos. Em sua mente impera a crença de que "os outros que cuidem deles", ou que "eles se ajeitam".

Eles são a maioria, segundo Cafardo: cerca de 39% dos pais escolhem a distância e o lema do "Cada um por si" para educar seus filhos. É o abandono institucionalizado, em nome da liberdade.

Vamos aos efeitos dessa postura:

- → apenas 5% dos filhos desses pais relatam terem um bom nível de autoestima;
- → menos de 6% deles se sentem com boas habilidades sociais;
- → cerca de 56% sofrem de algum grau de depressão;
- → apenas 30% desses filhos são otimistas.

Isso parece ser simples de explicar. Os filhos acabam desenvolvendo a seguinte crença: "Se ninguém cuida de mim, deve ser porque não tenho valor", "Eu não importo", "Nada vale a pena" ou "Nada tem importância".

Se os próprios pais não investem tempo e energia para que seus filhos tenham afeto e se sintam cuidados, nem lhes mostram para onde ir, então não importa o que se faça, pense ou sinta. "Para que estudar?", "Para que se dedicar a alguma causa?", "Para que se envolver em aprendizados?", "Se em casa é cada um por si, eu que leve a minha vida como quiser". Filhos abandonados tendem a se abandonar.

## TIPOS DE PAIS

São essas crianças que cometem crimes terríveis ou são indiferentes aos demais, que quando são advertidas na escola deixam os professores boquiabertos com um cinismo indiferente. Elas perguntam: "E daí?", "Qual é o problema de chutar a cara de outro colega?". Não raro, quando os pais são chamados, assustam os mesmos professores com colocações similares. O outro não existe, a dor do colega que foi ferido física ou emocionalmente parece não tocar, não fazer sentido. O cinismo encobre a dor de ser abandonado.

Recentemente vimos na televisão uma onda de crimes homofóbicos em uma importante avenida em São Paulo. Garotos "educados" e com bom poder aquisitivo agrediram outros em plena luz do dia, com golpes de lâmpadas fluorescentes. Em entrevistas, a mãe, orientada por advogados, dizia ser "coisa de criança", uma "briguinha à toa". Eu é que não quero cruzar na rua com uma pessoa que não perceba que quebrar uma lâmpada no rosto de outra é sim um problema grave de conduta.

Filhos de pais negligentes tendem a negligenciar a si mesmos. Eles crescem com uma sensação de terem pouco valor e com alguma frequência aprendem a ferir a si mesmos, seja com notas baixas, doenças ou mau comportamento. É a única forma de receberem algum cuidado. Não que façam mal a si mesmos sempre com a intenção de chamar a atenção. Alguns o fazem simplesmente porque cresceram com a ideia de que "Ninguém lhes daria atenção", "Então nada importa mesmo". Essas falas acabam sendo percebidas no contexto clínico depois que o manto de cinismo cede espaço ao choro da dor de se sentir deixado de lado.

Lembro de alguns pacientes que foram vítimas desse padrão de esvaziamento do emocional. Obviamente mudarei os nomes e talvez os gêneros citados, mas infelizmente os casos são todos reais.

MEU FILHO CHEGOU À ADOLESCÊNCIA, E AGORA?

*LUIZA, 14 ANOS*, estava indo mal na escola. Ela descobrira, no computador que compartilhava com a mãe, fotos de anúncios desta se oferecendo para sites de trocas de casais, em roupas insinuantes. Ficou chocada, sentiu nojo, medo, tristeza, vazio. Dias depois, viu outras fotos e filmes da mãe fazendo sexo com outros homens, com mulheres, no meio de outros casais, enfim, toda sorte de situações. Em dúvida se teria a primeira relação com seu namorado, a menina não pensou duas vezes e o fez sem proteção. O perigo parecia encantar, entusiasmar, motivar.

Estava tão amortecida de dor pelo seu próprio abandono, que emoções intensas a faziam sentir-se viva. Quando lhe perguntavam se não tinha medo de pegar uma doença que poderia ferir seu corpo, deixá-la infértil, como o HPV, ou fosse fatal como a aids, ela dizia: "E daí? Isso tudo não vale nada mesmo, o que importa é curtir".

Em uma sessão percebi que para ela a figura adulta de segurança e amor era a tia. Consegui encontrar uma brecha e chamei Luiza para uma sessão na qual conseguiu pedir para ir morar com a tia, que prontamente aceitou o pedido e a amparou, impondo algumas condições, dentre as quais irem juntas ao médico, manter as lições em dia, enfim, que ela se considerasse com amor e viesse para viver num lar de respeito, amor e apreciação.

Muita coisa mudou na vida da Luiza desde então: largou o namorado depois de uma briga na qual ele a agrediu fisicamente, abandonou o cigarro depois de um tratamento bem-sucedido com um endocrinologista, emagreceu e passou a estudar em um colégio no qual se sentia parte do grupo. Essa moça teve a sorte de ter na família uma pessoa significativa, que lhe demonstrou amor e cuidados, evitando que ela perdesse o rumo da estrada da vida prematuramente.

# TIPOS DE PAIS

*JOANA, 17 ANOS,* frequentemente se feria em relacionamentos nos quais sofria abusos de todo tipo e falava: "Eu sofro, mas ao menos consigo ferir a minha mãe junto. Ela parece não ver nada nem ninguém, além dela mesma".

*CELSO, DE 21 ANOS,* estava há três anos fora da escola e não queria saber de prestar vestibular de novo. "Já tentei três cursos e nada me interessa."

Parecia anestesiado em suas vontades e sonhos. À primeira vista, ele era indiferente a tudo e a todos. Consegui fazer uma sessão com os pais juntos depois de quatro cancelamentos e remarcações. Sempre tinham alguma outra coisa mais importante para fazer além de vir à sessão do filho, que, segundo eles, era um "folgado", um "malandro".

Durante os seis primeiros meses em que nos vimos, Celso não demonstrava muita alegria, mas conversava, se abria, parecia querer melhorar. Tinha vindo à terapia mais por indicação de sua namorada, aliás, por imposição dela. Se ele não mudasse alguns de seus hábitos, como beber e cultivar o ócio, ela o deixaria.

Nas sessões familiares era fácil perceber o tipo dos pais. Eles entram na sala, sentam-se distantes um do outro, não se olham muito nos olhos e parecem não sentir dor quando seu filho relata que nada lhe interessa, ao contrário, ficam impacientes e referem-se ao filho como "ele". O filho é um estranho.

Quando lhes mostro o jogo da verdade familiar (veja mais em www.fraiman.com.br), eles não acertam nem 5% das perguntas. Combino com os pais que eles viriam a sessões de orientação parental enquanto o

MEU FILHO CHEGOU À ADOLESCÊNCIA, E AGORA?

filho faria comigo seu Projeto de Vida. Eles ironizam: "Ah, doutor, se você conseguir que ele se envolva em alguma coisa, será um milagre. Desse aí a gente já nem espera mais nada". A namorada ajudou muito no processo desse rapaz. Ele tinha talento para o desenho e ela valorizava sua sensibilidade. Ele era filho de pais com profissões tradicionais, e o desenho para eles era algo tolo, menor, pouco importante. Assim, as poucas fagulhas de interesse que o garoto mostrava quando via um objeto diferenciado, um prédio com *design* especial, ou quando estavam num restaurante e via um prato apresentado de forma inovadora pareciam não tocar esses pais. Ao não sentir eco de seu interesse, o filho sentia que sua opinião não valia nada para eles.

Sua escolha profissional pelo curso de Design sofreu todo tipo de resistência e boicote. Ele decidiu então trabalhar de dia e pagar seus próprios estudos à noite. A namorada o ajudava de todas as maneiras. Lembro da sessão na qual ele falou: "Mas pai, me mostre uma coisa na vida que não tem *design*. Veja seus óculos, seu carro, sua caneta preferida, a capa de sua revista. Pai, tudo é *design* e é com isso que eu quero trabalhar, quero deixar o mundo mais bacana de se ver". A mãe ria e o pai ficava calado, com expressão de desprezo.

Ele teve a sorte de encontrar, no amor, a ponte para sua própria vida. Tão logo pôde, casou-se com a moça e se comprometeram a formar uma família na qual sejam palpáveis o amor e o cuidado com o outro.

Muitos outros adolescentes se abandonam mesmo. Parecem se divertir muito, parecem meninões grandes que não querem nada, mas na verdade têm um enorme medo de sequer tentar algo, pois sabem que não podem contar com orientação no meio do caminho e, se falharem, não terão ajuda de ninguém. Sem cumplicidade, poucos conseguem apostar em seu projeto de vida.

Filhos de pais negligentes têm sorte quando são "adotados" por algum professor que se importa com eles, quando encontram boas amizades que lhes trazem um senso de ser importantes ou famílias de amigos em que se sentem bem, ou quando um amor surge e lhes traz segurança e afeto.

Normalmente os pais não percebem que são negligentes e é aí que mora o perigo: ao não perceberem, eles têm pouca chance de mudar.

Como os filhos não costumam ser muito claros no que querem e aprendem que nesta família "tudo tanto faz", eles se afastam e, quando os pais tentam alguma aproximação, os filhos tendem a se mostrar indiferentes também. Então confirma-se uma crença comum nesses lares: "Os filhos não querem envolvimento" e os pais os deixam em paz. Fica instalado um ciclo vicioso triste de cada um por si, ou, às vezes, de cada um contra todos.

Muitos desses pais não são verdadeiramente indiferentes aos filhos, apenas não percebem que são abandonadores nem têm consciência dos prejuízos dessa postura. Seja por serem distraídos, ou porque esse era o padrão na sua família de origem, os pais negligentes tendem a oferecer o mesmo que receberam — abandono, o que gera uma das mais dolorosas experiências humanas: a dor de não sentir-se importante, a invisibilidade e, com ela, a indiferença em relação à vida.

Isso explica também os 73% de estresse encontrados nos filhos desse grupo. Diante de tanto abandono, de si e das metas, tudo parece difícil de ser transposto. São os jovens que reclamam que tudo pede um esforço grande demais, que qualquer lombada na estrada é sinal de que é hora de voltar atrás.

Seu filho não nasceu indiferente, folgado ou mimado. Essas são denominações simplistas e frequentemente preconceituosas com as quais alguns pais taxam seus filhos, para se esquivarem da responsabilidade que eles tiveram em apagar a chama da vontade de viver que as crianças têm quando vêm ao mundo. Toda criança nasce cheia de energia, de sonhos e vontades, com animação e energia infinitas.

Se ao chegar à adolescência você percebe que seu filho mostra uma dificuldade enorme de escolher qualquer objetivo para si e de se comprometer com algum projeto, se tudo para ele for difícil, talvez esteja na hora de conversar com ele e com os demais familiares sobre como ajudar a criarem juntos um modo de convivência que gere mais motivação a todos, um lar em que haja mais apoio mútuo.

Antes de rotular seu filho, lembre-se de que ele é obra sua e que está sofrendo. Quando temos um dedo ferido não batemos nele, não ficamos indiferentes, nem deixamos para depois. Afinal, cada dedo é importante para a mão e precisa estar bem. Podemos pensar nos filhos da mesma forma. Eles são os dedos das mãos, cada um deles é uma parte de sua vida, de sua saúde e da sua felicidade. Se uma pessoa na família está sofrendo, isso não é "problema dele ou dela", é uma questão de todos.

No final de sua vida, suas medalhas, seus títulos e cargos terão valido muito menos do que as lembranças que terá. Seu verdadeiro valor será medido pelo número de pessoas que estiverem ao seu lado na velhice.

Este é o maior termômetro de uma vida bem vivida: o número de pessoas que tocamos com nossos atos. O abandono faz a pessoa que está sofrendo ficar silenciosa, desinteressada, chorando para dentro. Essa é a dor do abandonado. O choro é tão doído que já nem sai pelos olhos. O brilho nos olhos é o primeiro sinal de vitalidade. Procure por isso nos seus filhos, pois é esse brilho que indica quanta vida há no coração deles. E no seu.

TIPOS DE PAIS

# Pais permissivos

São os pais "amiguinhos": esses pais oferecem poucas regras e limites, dão muito afeto e se envolvem bastante na vida dos filhos. Representam 15% dos pais, sentem-se frequentemente sobrecarregados e, assim, cedem com facilidade aos pedidos e chantagens.

É muito mais fácil ser amigo, aceitar tudo, rir de tudo e minimizar as consequências de certos atos, dizendo que "tudo é normal", que tudo que se faz de errado "é coisa de adolescente". É mais fácil passar a mão na cabeça dos filhos do que ser pai ou mãe de verdade.

Aqui temos de pensar no significado das palavras "fácil" e "difícil". A ideia de que "ser amigo é mais fácil" serve a quem? Ao pai, à mãe. Afinal, com essa postura, praticamente cessa o estresse deles, cessam as cobranças, as broncas, a necessidade de orientação e presença.

Os pais devem pensar nas consequências dos sins e nãos, de estarem presentes ou de se ausentarem, de serem pais de verdade ou escolherem ser apenas amiguinhos. Na dúvida, é melhor ser pai e mãe do que amigo, pois estes os filhos têm aos montes na escola.

Só que aos pais, além de mais fácil, é mais divertido e mais leve ser amigo do que parente. E tem mais: como os pais, nessa etapa de vida, já têm um círculo social mais reduzido, mergulhar no universo e nas amizades dos filhos pode ser muito tentador. Por isso essa postura é tão frequente e tem crescido cada vez mais. Só que, em educação, o fácil de hoje frequentemente leva ao difícil no amanhã. Veja o quadro abaixo:

45

## MEU FILHO CHEGOU À ADOLESCÊNCIA, E AGORA?

| O FÁCIL/QUE PARECE DIVERTIDO | O DIFÍCIL/CONSEQUÊNCIAS |
|---|---|
| Aceitar notas medíocres na escola, deixar o filho ficar na média, com notas que servem apenas para passar sem aprender de fato. | Isso tem impacto negativo na vida escolar e gera no filho a crença de ser incapaz. Além disso, a empregabilidade futura pode ficar ameaçada. |
| Deixar um filho bater no outro, ou mesmo observar um dos filhos maltratar o irmão e não se manifestar. | O filho acaba crescendo com a ideia de que pode usar a força física para resolver seus conflitos e um dia isso se reverte contra os próprios pais, ou até numa trágica briga de trânsito. Pior ainda: os filhos crescem sem um sentimento real de união e de serem da mesma família. |
| Falar mal do cônjuge para o filho, para se aliviar. | Esse padrão bastante frequente leva os filhos a enfrentarem um dilema doloroso: de que lado eles devem ficar? Ao ouvir apenas uma parte da história (daquele que desabafa), acabam se sentindo no dever de ficar com raiva de quem amam (o cônjuge atacado pelas queixas) e se sentem impotentes. No futuro isso pode gerar sequelas perigosas no senso de identidade do filho, que cresce sem saber quem é e se pode confiar em suas próprias percepções. |

## TIPOS DE PAIS

Deixar viajar em grupo, sem nenhum adulto por perto — acreditar que 12 adolescentes saberão a hora de parar de beber ou irão se cuidar sozinhos.

Essa postura abre uma oportunidade para grandes problemas. Além do abuso da bebida, episódios de assédio moral, violência sexual e graves acidentes podem acontecer sem a presença de um adulto (pai ou cuidador) por perto. Quem não deve não teme. Se os filhos disserem que se for com um adulto eles não viajam mais, que não recebam esse prêmio então.

Cortejar as amigas do filho, ou sair junto para a balada.

Ao invadir um círculo social tão próximo, o pai se ridiculariza tentando se igualar ao filho. Perderá sua autoridade e não será mais uma figura de referência, a quem o filho poderia recorrer quando precisasse de orientação. O pai perde o respeito que teria como adulto maduro.

Em educação, tudo que se faz ensina algo. Antes do sim e do não automático e simplista, que tal refletir:

↪ Qual é o efeito disso?
↪ Aonde esta ação pode me levar?
↪ Em que esta liberdade pode implicar?
↪ Eu tenho esse dinheiro?
↪ É o momento para esse gasto?

MEU FILHO CHEGOU À ADOLESCÊNCIA, E AGORA?

↪ Quais são os efeitos desse presente que meu filho pede?

↪ O que vai acontecer no médio e longo prazos se eu permitir que ele fique com essas notas?

↪ O que essas amizades estão trazendo para a minha filha?

↪ Se eu permitir que ele grite comigo quando estiver zangado, o que isso pode acarretar no futuro?

↪ Se eu rir quando minha filha xingar a mãe dela na minha frente, o que estarei ensinando com isso?

↪ O que eu mostro sobre o meu amor e o meu cuidado ao deixar que meu filho vá para a praia no feriado com mais dez amigos, com muita bebida e sem nenhum adulto por perto?

↪ Que tipo de mãe sou eu se largo o meu filho no seu momento mais difícil?

↪ Que tipo de pai ou mãe serei se me tornar amiguinho dos meus filhos?

Ainda que com sérios perigos pela frente, filhos de "pais--amigos" crescem com mais habilidades sociais que os filhos de pais abandonadores: 25% deles são bem ajustados nas relações interpessoais, afinal, eles treinam bastante convivência dentro e fora de casa. Mas, no quesito enfrentamento da vida, o que se vê é um nível de autoestima e autoeficácia baixo, com cerca de 21%. E apenas 11% deles são otimistas e confiam na vida, em si e no futuro.

O número de deprimidos neste grupo é reduzido (3,5%), mas poucos deles tenderão a florescer, pois crescem sem muito desafio e sem muito incentivo. Martin Seligman, ex-presidente da Sociedade Americana de Psiquiatria, fez um interessante estudo comparando "adolescentes de shopping" (que só faziam o que queriam e não tinham metas nem cobranças em casa) com jovens engajados (que ajudavam em casa, eram cobrados por boas notas e comprometidos

TIPOS DE PAIS

com metas). O resultado mostrou que a sociabilidade, as notas, a inteligência e até o nível de autoestima do segundo grupo eram muito maiores.

Na adolescência, curtir, se divertir, fazer o que se quer é bom... mas saber equilibrar isso com metas, desafios e cobranças amorosas é melhor ainda.

Ao crescer com os pais muito próximos, a chance de ocorrer uma superproteção é grande e as metas autoimpostas tendem a se reduzir. Essas famílias se divertem bastante, mas os filhos tendem a reduzir suas expectativas e os pais entendem. Aliás, esses pais entendem (e aceitam) tudo. É um lar divertido, bacana, mas que no médio prazo se mostra sem rumo.

A ideia central aqui é "Todos unidos, todos juntos, somos um só". Parece lindo, porém isso esconde um perigo: ao ganharem pais-amigos, os filhos perdem os pais-pais e as orientações e a inspiração para crescerem.

Nessas casas não são os filhos que querem ser como seus pais e sim o contrário. Jamais esquecerei da fala de uma paciente, **_JÉSSICA, DE 14 ANOS,_** que estava indo mal na escola e um dia, chorando, me contou que estava cansada de ela mesma escolher a sua próxima escola para o ano seguinte.

Sua mãe queria ser sua melhor amiga e a deixava levar sua vida escolar como quisesse. Não olhava seus cadernos, pois "confiava nela". Quando repetiu de ano pela primeira vez, em vez de uma conversa esclarecedora, uma bronca ou ao menos alguma consequência, ganhou uma linda viagem para se animar para o ano seguinte.

Ela dizia: "Leo, me diz, como uma garota da minha idade pode saber qual é a melhor escola para estudar? Isso é coisa que meus pais tinham que ver! É claro que eu escolhia as que pareciam ter gente mais

MEU FILHO CHEGOU À ADOLESCÊNCIA, E AGORA?

bonita e serem mais fáceis, e eu sei que isso não vai ser legal para o meu futuro. Mas agora já estou no terceiro ano e daqui a pouco vem o vestibular, e eu aqui com este boletim que parece um queijo suíço, cheio de buracos. Será que ainda dá tempo de aprender alguma coisa ou a minha vida vai pelo ralo?".

Não foi para o ralo, mas, depois de vencer a etapa escolar, estava muito difícil para ela conseguir acompanhar a faculdade. Para conseguir um bom espaço no mercado de trabalho, acabou indo morar com um tio severo que lhe cobrava horários, metas escolares (sim, mesmo na faculdade) e que ela ajudasse na casa. O tio educava seus três filhos, mais a minha paciente, com mãos firmes. O interessante é que, longe de reclamar, ela adorava ter alguém que lhe desse bronca, que brigasse quando ela errava, que enfim se importasse de verdade com ela. A mãe? Bem, estava se divertindo com seu novo namorado. E depois que não se queixe de solidão na velhice, ou quando a filha não quiser estar ao seu lado no Natal e em outros momentos especiais. Os filhos percebem quem os ama e amam quem cuida deles.

Quando chamada às sessões, a mãe mais parecia uma meninona: nas roupas, nas falas, na postura de vida. Ela parecia não querer entender que seu papel era de liderança e acreditava seriamente na ideia de que "A vida nos ensina tudo que temos de aprender".

Com ela tinha sido assim e ela "se dera bem": casou-se com um homem rico, que lhe dava conforto material (ainda que nunca pudesse estar presente nas sessões da filha). Para ela, esse era um bom casamento. Quando a filha enfrentava alguma dificuldade, ela lhe dava presentes, escolhia outra escola mais fácil ou promovia uma festa. Tudo para não sofrer, não doer, não pensar.

Naquela casa se acreditava muito nos atalhos: comprar comida congelada (afinal, preparar refeições dá muito trabalho), pagar aula particular (em vez de estudar), baixar o resumo pronto do livro na internet (ler é complicado), comprar trabalhos escolares dos colegas (aprender demora), comprar remédios contra a tristeza (terapia é caro e demora), comprar amigos com programas bacanas (ser honesta e autêntica é arriscado) e camarotes em baladas (para, junto com isso, virem os admiradores-amigos).

A situação do abandono travestido de amizade é tão séria e danosa que hoje em dia já se observam reuniões de pais e mestres em faculdades e em breve estaremos vendo esse mesmo processo nas empresas, que terão de pedir apoio às famílias para que os estagiários ou *trainees* levem a sério seus programas de trabalho.

Lembro-me também de *MARCELO, 16 ANOS,* outro jovem paciente que tinha baixa autoestima e queria sair do buraco, com início de drogadicção e notas baixas. No começo do terceiro ano do ensino médio, numa conversa com a professora de química, veio o estalo. A professora perguntou se ele acreditava em si mesmo e se estava se preparando adequadamente para fazer um bom vestibular. Sorridente, ele disse que sim, claro, afinal, tudo sempre tinha dado certo para ele. Filho de pais com alto poder aquisitivo e "superlegais" (mas que o deixavam solto demais), ele sempre conseguia o que queria.

A professora, sagaz, perguntou então: "Mas me conta, a que é que você se propôs, do começo ao fim, e conseguiu dar conta, sem comprar, sem driblar, sem usar seu charme ou o dinheiro dos seus pais? O que você conseguiu até hoje usando apenas o seu poder, a sua mente?".

A professora decidiu tocar na ferida, com amor e verdade. Ela foi o estalo. Nesse dia ele disse que chorou sem parar ao chegar em casa e olhou-se no espelho. Viu-se assustado com a vida e percebeu que nunca tinha se proposto a nada. Sentiu-se, na verdade, com uma enorme inveja

MEU FILHO CHEGOU À ADOLESCÊNCIA, E AGORA?

de seus amigos que tomavam bronca, que tinham de ficar de castigo quando passavam dos limites, que tinham de sentar-se à mesa para jantar, que tinham de mostrar o boletim, enfim, que tinham de arcar com as consequências de seus atos e participar da vida familiar.

Seus pais, pessoas "superlegais", não lhe cobravam isso e, pela primeira vez, ele percebeu que se sentia abandonado, largado, e por isso se largava também, fumando, bebendo e desencanando de tudo.

Os pais, muito amigos, o deixavam solto, e, se antes isso parecia muito divertido, agora estava ficando assustador. Ele percebeu que não estava preparado para a vida, para sair da escola, e se sentia atemorizado diante de situações das quais o charme e o dinheiro não podiam dar conta.

Os amigos que ele admirava encaravam seus desafios com muito mais autoconfiança e estavam mais preparados para sair da escola. Ele simplesmente não aceitava desafio algum por medo de errar.

Quando percebeu isso, depois da dor e do espanto, decidiu enfrentar seus medos e construir sua autoestima de forma honesta e autêntica. Ele decidiu estudar, procurar boas amizades, aproximar-se de professores e outros adultos significativos. No final do ano estava em melhores condições para seu vestibular para Ciências Sociais.

*J*OÃO, *16 ANOS,* reclamava que seu pai ficava paquerando suas amigas quando ia buscá-lo na balada. Paula, aos 18, estava cansada de ter que ver a mãe vestida de menininha e de querer ir às baladas com ela. São inúmeros os casos de abandono destes pais bacaninhas e sacanas, que roubam de seus filhos os pais verdadeiros que eles se recusam a ser.

TIPOS DE PAIS

Chocado, escutei a seguinte fala de uma **MOÇA DE 17 ANOS,** em plena fase de vestibular: "Sabe o Paulinho, né? Aquele rapaz que eu estava xavecando há semanas... Então, fui a uma balada toda produzida, toda feliz da vida, pois tinha certeza de que ele estaria lá. Aprendi uns passos de dança legais e fiz uma maquiagem caprichada, aquela noite tinha tudo para ser perfeita. Cheguei tarde e fiquei com as minhas amigas num canto papeando. De repente ele passa na minha frente, me olha e vai para a pista. Fiquei toda excitada, animada, feliz da vida. Ele tinha me visto e em breve me chamaria para dançar. Fui ao banheiro me olhar, ver se eu estava legal e demorei, pois uma das meninas tinha tomado chifre de um garoto e a gente ficou dando apoio para ela. Bem... quando eu voltei, fiquei muito mal, acabada, para falar a verdade. Vi o Paulinho agarrando uma garota, na maior pegação. Mas o pior pesadelo da minha vida foi quando, depois de ficar com ela, eles se viram na minha direção e eu vejo que aquela era a minha mãe".

Relatos como esse já não são raros nos consultórios de psicologia e revelam não somente uma inversão de limites, mas uma invasão de territórios tremenda. Não estão mais demarcados os territórios dos adultos e os dos filhos. Cedo demais estes já têm de ouvir sobre dinheiro, sobre a vida sexual do casal, sobre os problemas do casamento dos pais, sobre tudo e todos da família. Em nome da liberdade e da amizade, essa postura leva a conflitos internos, a dores na alma, ao vazio e à tristeza.

Reitero que, na dúvida entre ser um bom pai ou um bom amigo, opte pelo primeiro papel. Afinal, seus filhos terão muitos amigos pela frente. Mas pai e mãe, apenas um de cada. Às vezes nenhum.

Crescer sem pais (apenas com amigos) tende a gerar uma enorme insegurança nos filhos. Essa atitude frequentemente leva a

MEU FILHO CHEGOU À ADOLESCÊNCIA, E AGORA?

uma baixa autoestima, e com isso ocorrem coisas muito tristes na vida desses jovens. Sem amor por si...

... como (e por que) levarão a sério sua vida escolar? Se ninguém se importa mesmo...

... como conseguirão não desprezar sua vida e driblar a abundante oferta de álcool, tabaco e drogas?

Se tudo tanto faz...

↳ De onde virá a força para almejar entrar numa boa universidade? "Se meus pais pagarão qualquer uma mesmo..."

↳ De onde virá a inspiração para serem profissionais destacados na sociedade e para fazerem, com seu trabalho, um bem ao próximo? Se em sua casa era cada um por si...

Essa "largação" dos filhos não os faz felizes. Ao contrário, deixa-os inseguros, tristes, vazios por dentro. Eles se tornam alvos fáceis de predadores sociais (traficantes), de namorados maldosos e de amigos perniciosos. A autoestima decorre essencialmente dos vínculos primordiais, que temos e vivemos dentro de casa.

## Pais autoritários

Esses pais oferecem muitas regras e limites, mas pouco afeto e pouco envolvimento na vida dos filhos. Aproximadamente 12% dos pais têm esse perfil, que é oposto ao tipo anterior. Estes são os pais linha-dura, cheios de verdade e desejo de poder dentro de casa.

Não são raros os casos de violência verbal ou até física entre esses pais e/ou entre eles e os filhos. Em nome da obediência, vale chinelada, grito, ameaças ou até agressões. Nessa casa há crenças do

TIPOS DE PAIS

tipo: "A vida não é fácil", "Criança não dá opinião que presta", "Adolescente é aborrescente" e "Quando um pai fala, é porque está certo".

Algumas falas típicas: "Filho, se você não me obedecer, seu pai vai ficar sabendo", "Você não sabe de nada, moleque", "Eu sei o que é melhor para você", "Cala sua boca se não quiser levar uma surra, menina", "Você vai prestar vestibular para esta faculdade que eu estou dizendo e não para este seu curso de vagabundo".

Aparentemente, este é um modelo de educação que levaria à proteção e segurança. Porém, o preço desse padrão é que junto com a firmeza excessiva vem o medo, a distância e, ironicamente, uma grande insegurança.

Apenas 4% desses filhos têm uma boa sensação de autoeficácia e somente 7% têm boas relações sociais e um bom grau de otimismo. A autoestima também é pouco encontrada nesse grupo: 11%. E 26% desses filhos apresentam depressão.

Na mente desses jovens, com frequência, estão pensamentos como: "tenha medo", "cuidado", "você está errado", "não erre ou será punido", "não te aceito como é". Esse modelo autoritário pode ser perigoso e desmotivador. Como viver bem, como criar, como desejar, como tentar algo novo diante de tanto medo? Mesmo se esforçando, esses filhos sempre recebem bronca ou silêncio. Então, muitos acabam pensando: "De que adianta eu me esforçar mais, se mesmo que tire notas altas não passará de mais uma obrigação e nem será reconhecido?".

É verdade que, para alguns filhos, a postura firme é fator de sucesso nos estudos. Com medo de serem recriminados, eles estudam mesmo, mas no médio prazo isso pode acabar mais desmotivando do que favorecendo um aprendizado prazeroso e significativo.

Estuda-se para não levar bronca e não pelo prazer de aprender. Um dia, perde-se a motivação e vem a chinelada, o grito, e assim o filho volta a estudar. Mais tarde, ao vir uma nota ruim, usa-se o tapa e o filho estuda mais. Até quando isso se sustenta? Não são raros os casos daqueles que pegam birra de estudar porque era apenas isso que seus pais valorizavam. Ser firme e ser violento são coisas bem diferentes.

Pais autoritários acreditam que uma boa educação se baseia apenas em manter as regras estabelecidas, porque acreditam que um bom filho tem de obedecer sempre. Eles acham que sabem de tudo e que sua experiência e papel os autoriza a não precisar dialogar, negociar ou validar o outro. Usam sinais de poder como cara feia, voz alta, dedo em riste, queixo levantado. Quando os filhos vão escolher uma profissão, acreditam que sabem exatamente o que será melhor para eles e apostam alto em carreiras tradicionais.

Querem impor seu desejo aos filhos e, com alguma frequência, quando estes preferem uma profissão que eles não conhecem ou não apreciam, dizem: "Então eu não pago sua faculdade". A carteirada impera.

Para eles há carreiras de homem e de mulher, profissões que pagam bem ou mal. O conceito de certo e errado é bem claro para eles, ainda que hoje em dia já tenhamos mais de duzentas opções de cursos universitários, com mais de 2.511 ocupações profissionais, número que cresce a cada ano.

O que esses pais desconsideram é que as verdades e os comportamentos que os trouxeram até o momento são (e serão cada dia mais) diferentes daqueles que seus filhos enfrentam no mundo atual. O mundo mudou mas, para eles, suas estratégias, verdades e respostas ainda são as melhores. Quanta arrogância mascarando o puro medo de errar!

Esses pais frequentemente não conhecem seus filhos, não querem saber de ouvir e sua forma de educar é cheia de verdades prontas. Por isso, mais uma vez, esses são filhos sem pais, que acabam sem projeto, sem ambição e sem interesses.

## TIPOS DE PAIS

*MAURO, AOS 23 ANOS,* chamou seus pais para a festa de colação de grau de seu curso de Engenharia. Sua mãe dançou com ele feliz da vida, e o pai bebeu a noite inteira, bradando para todos o orgulho que tinha do filho. Tudo certo, apenas por um pequeno detalhe: o filho abandonara o curso anos antes. Para não comprar briga em casa, ele continuava pegando o dinheiro do pai para pagar as mensalidades, mas em vez de estudar estava é curtindo a vida.

Como manteve algumas de suas amizades, na época em que estaria se formando comprou os convites da festa de colação e combinou com os amigos de fazerem cena com seus pais e os enganarem.

Lembro de sua fala irônica: "Se meu pai não aceita dialogar, também tenho o direito de fazer o mesmo. Ele quer um filho engenheiro, então vou dar a ele esse prazer. Ele que acredite no que quiser". Na prática, o filho vivia de mesada e, sem maiores projetos, ficava cada dia mais à mercê de pequenos prazeres, de um sono sem fim e da falta de vontade de arranjar um emprego de engenheiro como o de seu pai. E não conseguiria mesmo, afinal, nem formado era.

O triste nesse caso é que Mauro cresceu com uma absoluta falta de iniciativa, pois era sempre podado. Era um rapaz mais sensível, menos combativo e não colocava para fora seus sentimentos e revoltas. Guardava suas ideias para si e esperava que um dia seus pais iriam entendê-lo. Tinha talento para o desenho, mas nunca havia investido nisso. Seus pais pararam de pagar a terapia quando perceberam que "ele não tinha jeito" e que "eu não iria consertar aquele moleque folgado" (fala deles). A última notícia que tive do jovem é que ele foi morar com um parente em outra cidade. Quem sabe, começando de novo, teria uma nova chance.

A falta de diálogo leva ao esvaziamento das relações, ao medo, à falta de vontade e à raiva, que certamente é projetada em si mesmo ou no outro.

MEU FILHO CHEGOU À ADOLESCÊNCIA, E AGORA?

Marcou-me também o atendimento a uma *JOVEM DE 16 ANOS* que sofrera *bullying* na escola. Dias antes, a mãe ficara comigo por duas horas relatando os horrores que "os amiguinhos da filha fizeram com ela" e "como a escola tinha sido omissa". Fiquei sensibilizado com a história. Segundo ela, os amigos "foram cruéis com minha filhinha", e o pai já estava falando com advogados para processar as famílias dos amiguinhos e a escola, que não tomara providência alguma. Queria muito ajudar essa garota tão sofrida.

Quando chegou o dia da consulta, vi na sala de espera uma moça alta, bonita, com uma carinha triste, que não combinava com sua aparência saudável e bem tratada. Convidei-a para entrarmos e sua mãe logo se levantou e disse: "Eu vou junto, né!?". Fiquei até sem jeito com sua intensidade. Entramos na sala e perguntei-lhe o que ela buscava na terapia. No instante seguinte, a mãe começou a falar sem parar por quarenta minutos. Acredite, não havia como interromper.

Tentei olhar o tempo todo para a moça, que fazia cara de abandonada, triste, enquanto a mãe falava, falava, falava. Não conseguia sequer interrompê-la. Consegui uma brecha para escutar a filha apenas quando levantei um pouco a voz, fiz um sinal de tempo e pedi que ela me esperasse fora da sala, pois queria falar a sós com a moça. Ela ainda relutou um pouco, mas me deixou ficar alguns minutos com sua "filhinha", de 16 anos (!).

Quando a mãe saiu, ela me olhou, sorriu de leve e me perguntou: "Deu para entender o que eu vivo todos os dias?". Percebi na hora. Perguntei do pai e ela disse que ele era um empresário "muito ocupado" e que "não acreditava nessas coisas de psicólogo".

Para esta jovem, não era bom mesmo envolver o pai em questões assim... tão... "pouco importantes", pois ele achava que isso era tudo "frescura".

"Leo, para o meu pai eu sou uma babaca. Para ele, eu teria de meter a mão na cara de cada um desses meninos que mexeram comigo

TIPOS DE PAIS

e acabar com a raça deles, e não ficar trazendo problemas para casa. Sinto que sou um peso para os meus pais."

Foram longos meses de dor e sofrimento dessa jovem, até que ela percebesse que o que estava passando na escola era a sua forma de repetir o *bullying* que já vivia em casa. Ela chegou a trazer gravadas em seu celular situações em casa nas quais os pais gritavam entre si e contra ela. Ela passava por isso todos os dias e os pais achavam normal tratar uma filha daquele modo. Afinal, era assim que eles também tinham sido criados.

O perigo de crescer em um lar onde impera o autoritarismo é a formação da apatia ou de seu oposto, a ganância sem medida. Se uma criança não recebe o reconhecimento de suas boas ações, como irá saber o que é efetivamente bom para si? Se tanto faz ela se esforçar ou não, se tanto faz ela ter uma opinião ou não, como terá coragem para tentar algo diferente, para tirar uma dúvida diante da sala quando não souber uma resposta? Como uma criança que vê perigo o tempo todo irá enfrentar o medo de se aproximar de alguém do sexo oposto numa festinha? Como fará para ousar colocar sua opinião diante da turma de amigos? Para tentar uma carreira concorrida no vestibular ou uma vaga naquela empresa desejada quando estiver na universidade?

A ganância e o perfeccionismo também podem ser encontrados nesses filhos. Para compensar o medo do fracasso, do ridículo ou para suplicar por uma migalha do afeto de seus pais, alguns jovens se tornam profissionais altamente destacados no mercado, com carreiras meteóricas e resultados acadêmicos brilhantes.

Muitos convivem com a grave sensação de serem uma fraude, de não serem tão bons ou tão capazes como os outros dizem. Sofrem com o receio de que o mundo um dia irá perceber que não são tudo isso. Esses jovens podem buscar no sucesso o reconhecimento, o afeto e a validação que não tiveram em casa.

Obviamente, nem todos os jovens profissionais de sucesso pertencem a esse perfil familiar, mas há um sem-número de talentos juvenis cuja ambição não tem limites e para os quais nada nunca é o bastante. Mesmo que ganhem muito dinheiro e títulos, nunca se sentirão bons o suficiente. Mesmo que atinjam suas metas e o devido reconhecimento, ainda lhes falta algo por dentro: a sensação de serem amados. Por isso confundem tão facilmente admiração (que é obtida com boa *performance*) com amor (que é obtido por meio de relações significativas). Ao serem admirados, se distraem do fato de não se sentirem amados.

Se um filho escuta que fumar e escolher a profissão de que gosta "não pode porque não pode e ponto final", desobedecer sistematicamente, ainda que com o risco de se ferir, pode parecer uma boa escolha. Esse é um dos riscos da falta de diálogo, pois assim uma opinião pessoal (algo que os pais pensam diferente) se confunde com uma atitude a ser evitada (fumar ou beber em excesso), e, sem saber discernir uma coisa da outra, o jovem pode acabar desenvolvendo critérios inadequados para suas decisões. Acreditará em si ou nos seus pais, para quem nada nunca é bom?

O cérebro pode acabar criando um hábito de desafiar, quebrar regras e ultrapassar limites de forma irrestrita, automática. Boa parte do nosso impulso empreendedor vem do desejo de superar limites, mas nessas famílias, infelizmente, muitas vezes acaba-se criando um automatismo perverso: deseja-se o que o outro não quer, mesmo que seja ruim para si.

Os três tipos de pais analisados neste capítulo são os que mais se afastam da educação escolar dos filhos, os que participam menos intensamente e com menos eficácia.

# PAIS PARTICIPATIVOS

---

**PROJETO DE VIDA** e **ESCOLHA PROFISSIONAL...** na prática

*ESTES PAIS* participam da definição profissional do filho sem invadir. Eles sabem ser companheiros de verdade e adotam as cinco posturas de ouro apontadas por William Damon, que pesquisa o tema Projeto de Vida há 32 anos:

1. Estão atentos aos interesses do filho, notando, por exemplo, que revistas ele lê muito ou que assuntos gosta de pesquisar;

2. Exploram as oportunidades de mostrar como esse interesse pode ser aproveitado, valorizam e acolhem o filho como ele é e no que ele gosta;

3. Procuram outros adultos para conversar com seu filho sobre o interesse percebido, para fazer da "fagulha" de interesses uma fogueira de luz interna que guiará os sonhos dele;

4. Pesquisam a aplicabilidade e as novas formas de usar o que o filho gosta de fazer para melhorar algo na sociedade, dando perspectiva aos sonhos dele;

5. Estes pais sabem que se envolver é uma coisa, mas falar nisso todos os dias... ninguém merece!

*A filha da família A, de 13 anos, adora ir às baladas com a mãe da amiga. O bacana é que essa mãe sempre leva o grupo para fazer um "esquenta" em um posto de gasolina, onde se encontram com rapazes e, assim, a noite já começa animada. Tudo é muito engraçado, com música alta e papo descontraído. Sem saber de nada, os outros pais nem imaginam como suas filhas chegam às baladas (já embriagadas), o que acontece lá, como elas saem dessas festas e os perigos de estarem em um carro com uma motorista embriagada, na qual confiaram cegamente.*

# Que **TIPO** de **família** é a **SUA?**

*A filha da família B, de 13 anos, adora ir às baladas com a mãe da amiga. Os pais dela fizeram questão de conhecer essa mãe, que sempre se dispõe a levá-las para os lugares. Assim, sentem-se mais confiantes apenas depois de conversarem com a mãe da amiga e compartilharem algumas situações com ela. Chegaram a montar uma rede social no Facebook dos pais que têm filhos amigos, para que se revezem na tarefa de levar e buscar, para trocar ideias e compartilhar soluções na educação dos filhos. Dicas de segurança, de formação e orientações comportamentais fazem parte deste blog compartilhado entre pais atentos.*

sses são os pais que impõem regras e limites, mas também dão muito afeto e se envolvem diretamente na vida dos filhos. Seriam encontrados em cerca de 34% das famílias, ou seja, percentualmente, apenas um terço dos pais têm esse perfil. Justamente por isso é tão importante que os pais tenham uma rede de apoio entre si e que cada família conheça uma à outra. Quanto mais similar for o modo como pensam e agem os pais dos amigos de seus filhos, maiores as chances de alinhamento na forma de tratar os filhos uns dos outros nas situações sociais.

Um depoimento de Simone, uma jovem de 14 anos, mostra bem o perigo oculto em largar a filha nas mãos de outras mães sem sequer conhecê-las: "Ah, adoramos que a mãe da Sofia nos leve para as festas, pois paramos nas lojinhas de conveniência e começamos a beber já dentro do carro, com ela junto. É um baratão". A situação

MEU FILHO CHEGOU À ADOLESCÊNCIA, E AGORA?

do consumo de álcool hoje é tão grave que no Hospital Israelita Albert Einstein, cerca de 30% das ambulâncias alugadas são para festinhas de 15 anos. Os pais, quando muito, pedem ao *barman* para diluir os drinques que eles mesmos compram e oferecem aos adolescentes.

Quando um filho de pais participativos convive muito com pais permissivos, pode tentar recriar em sua própria família alguns dos padrões que vê na casa dos amigos e que parecem muito mais divertidos. Aparentemente, é mais fácil e mais legal viver sem regras, limites ou deveres, apenas com direitos.

Além disso, os adolescentes, muitas vezes, ainda não conseguem perceber a importância de muitos dos cuidados de pais participativos, por isso os questionam tanto e os desafiam.

Claro que não dá para blindar a vida dos filhos e cada família tem direito de desenvolver seu sistema de valores, crenças e atitudes. Porém, ao conhecer a linha educativa das famílias com as quais os seus filhos convivem, fica mais fácil observar de perto e debater a sua formação. Seu filho vai percebendo a diversidade de possibilidades, o que é certo aqui e acolá, e vai aprendendo que em certos lugares alguns comportamentos são tolerados e em outros não, tal como é a vida. Há roupas adequadas para ir a um estádio de futebol, que não são as mesmas para ir à missa de domingo...

Em tempos de altíssima liquidez[1], em que tudo é debatido, é melhor olhar, reconhecer e avaliar as diferenças, bem como respeitá-las, do que fingir que todos os outros pais podem ser iguais ao padrão da sua família.

É essa a posição de um pai diante de um filho que lhe pede para ir viajar com mais seis amigos no feriadão: "Mas pai, só você se

---

[1] Termo utilizado por Sygmunt Bauman, importante sociólogo da atualidade, para designar a falta de referências claras e de segurança nas instituições sociais: política, família, religião, entre outras. Para Bauman, a falta de solidez e referências nos deixa angustiados, estressados e de certo modo apáticos diante de um mundo que nos assusta, mais do que acolhe.

PAIS PARTICIPATIVOS

preocupa, ninguém mais fica chateando com essas 'noias' hoje em dia. Relaxa, não pega nada, deixa a gente ir viajar. Não precisa de ninguém pra vigiar, a gente já tem 17 anos, pai".

Numa situação dessas, um pai participativo responderia: "Sim, eu entendo que ninguém mais se preocupa com muitas coisas hoje em dia. Mas eu não sou ninguém, e nossa casa não tem os valores de todo mundo. Aqui nós temos os nossos valores e princípios, e bem claros. Neste lar, em que eu e sua mãe amamos você e queremos o seu melhor, estabelecemos alguns padrões nos quais acreditamos e tomamos uma série de cuidados que deixam nosso coração em paz diante de situações delicadas da sua vida. Por isso, querido, se houver mais algum adulto que possa acompanhá-los, *ok*, você viaja. Se não, sinto muito, a gente pensa junto em outras formas de aproveitar bem o seu feriado sem deixar eu e sua mãe com o coração na mão".

Sem precisar gritar, explicando claro os porquês, com firmeza e respeito pelo desejo do outro, um pai participativo não pensa que está "perdendo tempo" ao expor seus motivos para o filho. Ele não despreza o garoto, nem o rebaixa, muito menos desqualifica seu objetivo. Um pai participativo sabe o que quer e fica firme em seus valores e princípios.

Como o córtex órbito-frontal, região do cérebro (localizada logo atrás da testa) que cuida do processamento das regras sociais, do freio moral e da análise de consequências ainda não está com suas terminações nervosas completamente desenvolvidas, os adolescentes ainda não entendem bem certas necessidades ou posições que os pais participativos julgam importantes, como cuidados com saúde, a educação e o respeito mútuo.

Em uma era de tanto relativismo, em que tudo parece ser negociável, há três coisas na vida que não devem ser alvo de negociação — os cuidados com saúde, com a formação educacional e a

65

moral. Esses são os verdadeiros valores de solidez interior que fazem a diferença no longo prazo em nossas vidas.

É comum ouvir, dos filhos, frases como: "Só você quer ficar impondo regras", "Ninguém mais se importa tanto assim", "Pra que ficar controlando tanto?", "Os pais dos outros são muito mais legais", "Eu odeio essa casa", "Aqui não se pode fazer nada", "Como vocês são antiquados!".

Isso dói a qualquer ouvido paterno e materno. Parece que muitas vezes os filhos não são felizes ali, em um lar com muitos cuidados e restrições. E fazem chantagem, choram, esperneiam e chegam a ameaçar ir embora quando estão irritados. Nada disso quebra a solidez do caráter dos pais participativos. Eles envergam, mas não quebram.

Se os pais autoritários são rígidos como um carvalho, os pais permissivos seriam como flores delicadas, bonitinhas e frágeis. Já os pais negligentes seriam a grama que não direciona a nada, e os pais participativos seriam como bambus: flexíveis e firmes, mesmo diante dos mais fortes ventos.

É compreensível, apesar de lamentável, que alguns pais acabem usando os atalhos do "tudo pode" para ter de volta o sorriso nos lábios do filho amado. Só que alguns sorrisos de hoje podem se transformar em lágrimas de dor amanhã.

Além de doer no peito ver um filho frustrado, dá muito mais trabalho explicar as causas, abrir o diálogo, enfrentar a cara feia dos filhos quando contrariados, acordar no meio da noite para ir buscá-los na balada, ir às reuniões escolares e fazer reuniões de alinhamento familiar.

Cuidar dá trabalho, sim. A questão é que não cuidar custa muito mais lá na frente. Além do mais, os pais participativos ganham uma boa dose de paz de espírito por saberem que estão no caminho certo. Vale aqui uma reflexão: será que há algo na vida que tenha real valor que não seja trabalhoso de se conquistar?

PAIS PARTICIPATIVOS

Pais participativos não apostam na sorte, e sim em sua própria atitude diante de uma família que é sua. Eles são os capitães do lar, os mestres de seu destino.

Por que admiramos um diamante? Por que gostamos tanto de uma casa construída com uma arquitetura diferenciada? O que nos faz apreciar um quadro executado nos detalhes, ou uma jogada ensaiada que resulta em perfeição de nosso time no campeonato? O que nos encanta na música tocada com maestria, ou no passo de dança dificílimo, que para aquele dançarino parece tão fácil?

Admiramos essas situações pois sabemos que por trás do brilhantismo há uma lapidação constante, há suor, esforço, persistência e, muitas vezes, até dor.

Todas as culturas do mundo têm seus rituais e símbolos de ornamentação do caráter humano, todas as sociedades constroem modos de homenagear aqueles que têm dentro de si uma força superior que os coloca no caminho da luz e da felicidade, em vez de optarem por uma vida de atalhos que acabam custando caro.

As Olimpíadas, a Copa do Mundo, o Prêmio Nobel, o Grammy da música, o Oscar do cinema, todos esses rituais são formas de validação daqueles que saíram do comum e foram além. Todas essas situações que nos deixam de boca aberta e até com lágrimas nos olhos são um reconhecimento da força do caráter sobre a apatia e a mesmice.

Como podemos perceber, educar é um treino de conexões cerebrais, que funciona como uma academia de ginástica. Quanto mais uma conexão é reforçada, mais rapidamente e automaticamente ela é acionada e tende a se tornar uma "verdade". Cada comportamento, cada palavra, cada abraço dos pais dispara conexões relacionadas a bem-estar, ao amor, a segurança. Da mesma forma, o abandono, o afastamento, a violência também disparam conexões relacionadas a isso. Por isso, ao participar da educação dos filhos, os pais colaboram com a saúde mental dos filhos, na medida em que estes têm seu cérebro acostumado a sentir-se bem estimulado e podendo funcionar em um estado favorável ao estudo e à autoestima.

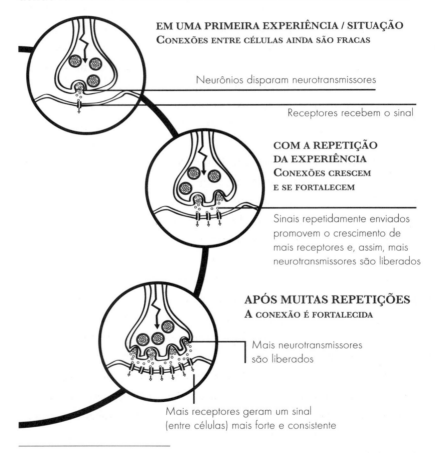

Há um interessante mecanismo no cérebro que se chama use-ou-perca. Cada reforço que se faz a uma atitude intensifica a produção de certas conexões cerebrais e seus neurotransmissores. O treino da frustração fortalece as conexões sinápticas associadas ao empreendedorismo. A superproteção faz o contrário disso. (Ilustrações deste livro inspiradas na Exposição "Brain", do National Museum of Natural History, NY, 2010)

# A MULHER MUDOU E, COM ISSO, A FAMÍLIA TAMBÉM... E AGORA?

---

**PROJETO DE VIDA** e **ESCOLHA PROFISSIONAL...** na prática

*ANTES, ERA PROIBIDO* à mulher fazer uma faculdade. Hoje, as mulheres são maioria nas universidades e produzem cerca de 46% da renda familiar. Elas ganharam espaço em carreiras antes consideradas masculinas, e os homens também se sentem hoje, mais à vontade para escolher áreas que eram dominadas pelas mulheres.

Deixe seu filho escolher a profissão de forma livre e participativa. Dizer à filha que ela não deve prestar engenharia mecânica equivale a comentar para o filho que educação é profissão de mulher. São falas preconceituosas, que distorcem os interesses dos filhos e os inibem de se realizar.

Uma garota tem o direito de seguir uma carreira em que possa conciliar o trabalho com a dedicação aos filhos, e um rapaz deve ser respeitado se escolher uma profissão em que a maioria dos profissionais seja do sexo oposto ao seu. Um ser humano não se define em sua sexualidade apenas. Não existe isso de carreira masculina ou feminina. Existem seres humanos integrais e íntegros fazendo a história do mundo.

*Na família A, a mulher é tratada como objeto, um ser sem valor. Suas opiniões são ridicularizadas e os homens sempre têm razão. Para os filhos, todas as regalias. Para as filhas, todas as obrigações. Para os filhos, toda a liberdade, para as filhas todo o controle. Os homens podem seguir a profissão que quiserem, e as mulheres devem se contentar em servir aos homens que as escolherem ou optar por uma carreira não muito relevante. Elas têm uma visão ruim da mãe, que se submete ao pai autoritário.*

## Que TIPO de família é a SUA?

*Na família B, a opinião da mulher é respeitada. Há conflitos, mas as pessoas se respeitam. Os filhos e as filhas são tratados igualmente: tanto os meninos como as meninas são orientados a ouvir uns aos outros, a cuidar de sua segurança na rua e a construir sua autonomia. Quando têm um problema, os filhos procuram os pais, sem medo de castigo: eles estão em pleno amadurecimento. Eles podem errar, mas arcam com as consequências de seus atos. As pessoas são tratadas com igualdade e dignamente.*

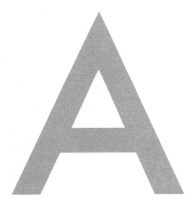antiga organização patriarcal, na qual o pai trabalhava e a mãe cuidava dos filhos, não é mais tão frequente. Isso ocorreu por diversas razões. Hoje, a mulher deseja ter sua própria identidade, não mais se conforma em ser a que "está por trás de um grande homem".

Segundo dados da revista *Exame*, elas já correspondem a mais da metade dos que estudam nas universidades e respondem por nada menos que 45% da renda dos brasileiros, um crescimento de 43% nos últimos dez anos, contra apenas 25% dos homens. Sim, a renda feminina cresceu bem mais do que a masculina.

Hoje, as mulheres gastam bilhões de reais nas mais diversas áreas de consumo e interesses. Era de se esperar que, com essa emancipação, elas ganhassem mais autonomia e poder decisório sobre suas vidas.

MEU FILHO CHEGOU À ADOLESCÊNCIA, E AGORA?

Por razões econômicas, os pais não conseguem mais oferecer a seus filhos e esposas um padrão compatível com seus desejos. Ocorreu, portanto, um abalo na própria figura masculina. Uma crise na força e na identidade do pai.

Ao mesmo tempo, o homem, que já não pode mais sustentar a casa sozinho, parece estar encontrando dificuldades para dividir a tarefa de educar os filhos com a mulher. Assim, hoje em dia, nenhum dos dois encontra condições para fazê-lo adequadamente.

Antigamente, a mãe era incumbida dessa tarefa. Hoje, ela trabalha e deseja condições iguais, que nem sempre são alcançadas no plano prático. As mulheres ainda são minoria nos cargos mais altos das empresas e sofrem pressão de todos os lados: as mais jovens, que estão para entrar no mercado, nem pensam em casar antes dos 30 anos, quando já tiverem experiência e autonomia financeira. As de 30 nem sempre encontram parceiros à sua altura e passam a elegê-los como num processo seletivo de uma multinacional, com listas de interesses e tabelas de desempate. As com mais de 35 já querem ter sua família como prioridade e serem cuidadas. Não é fácil ser mulher hoje em dia.

De qualquer forma, cuidar dos filhos pode representar para muitas mães uma tarefa mais difícil do que o era para as hoje avós que aceitavam o patriarcalismo de uma forma mais servil e silenciosa.

A crença de que as mulheres são "mais aptas" a cuidarem dos filhos começa a mudar, mas ainda está longe de se concretizar a verdadeira igualdade e a tão sonhada divisão de papéis baseada na complementaridade e não na dominação.

O fato mais preocupante é que, até algum tempo atrás, os filhos ainda tinham com quem ficar, quem os educava. Em nossos dias, nem os pais estão encontrando tempo suficiente para estar com eles, nem as mães se contentam em fazer "carreira de cuidadora de filho". Em muitos casos, os filhos acabam sendo educados pela TV, pela rua, pelo "ninguém". Daí o vazio de valores, de projetos, ambições e interesses.

Muitas mulheres, no consultório, quando podem assumir seus desejos mais profundos sem medo de serem julgadas, dizem que sim, adorariam poder assumir um pouco o papel de "mulherzinha", sem sua conotação negativa, mas com a de delicadeza. Que elas desejariam ser cuidadas, paparicadas, mimadas pelos maridos, e que eles as sustentassem, ao menos pelo tempo em que os filhos estivessem sendo criados. Mas temem ser abandonadas no meio do caminho e, sem uma carreira, ficar sem nada. Quem sabe não seja essa uma boa oportunidade de negócios para os bancos: o seguro maternidade?

Por outro lado, já se nota aqui e ali um panorama novo: a presença de pais nas reuniões de pais e mestres, que eram até pouco tempo quase que exclusivamente reuniões de mães e mestres(as). Isso ocorria para "poupar" os pais de ouvir "coisas desagradáveis", que depois seriam objeto de culpabilização de suas esposas pelos erros na educação.

Um número maior de homens tem ido às reuniões nas escolas, mas permanece a evasão tanto de pais como de mães à medida que os anos escolares passam. Se compararmos a frequência da participação dos pais nas reuniões dos cursos pré-escolares com a do segundo grau, podemos observar um número geralmente decrescente.

Predominam nos pais com filhos pré-adolescentes ou adolescentes crenças tais como:

↪ "Não precisa estar por perto, eles se viram";
↪ "Meu filho de 13 anos já pode andar por si próprio";
↪ "Mas eles não deixam a gente chegar perto";
↪ "Ela já é grandinha";

MEU FILHO CHEGOU À ADOLESCÊNCIA, E AGORA?

➥ "Meu filho não quer mais que eu vá a essas reuniões";
➥ "Ele que faça as suas escolhas";
➥ "Ele já é um homem".

Certamente é saudável um gradual distanciamento entre pais e filhos, até mesmo para que estes possam construir sua identidade pessoal, mas daí à omissão há uma distância muito grande. Muito prematuramente os pais estão se afastando da educação de seus filhos. Isso é prejudicial em diversos sentidos. Os pais e as escolas são como um porto, que precisa ser seguro e iluminado para funcionar bem. Pais e educadores são as bases de aprendizado não apenas de matérias, como também das regras da vida em sociedade.

Em termos dos papéis a serem desempenhados, é preciso dizer que, se por um lado os pais não têm de ensinar matemática, eles devem salientar que as matérias (todas) são importantes para a vida e oferecer condições para seus filhos estudarem. Os professores não têm de dar café da manhã nem ensinar boas maneiras aos seus alunos. Infelizmente, porém, esses papéis muitas vezes se invertem.

Podemos observar que profundas mudanças familiares implicam a necessidade de a escola "atualizar-se" no que diz respeito à família real que hoje aí está. Ao lidar com a família ideal, a escola acaba por distanciar-se da família real, simplesmente por não compreendê-la, deixando de entender suas reais necessidades e limites. O mesmo se pode dizer dos pais, que não devem contar com uma escola idealizada, perfeita, que funcione sem a sua presença e participação.

Ambos, pais e educadores, precisam saber que o que funcionava há dez ou vinte anos pode não ser mais verdadeiro para os dias de hoje. Um precisa do outro para estar bem em seu papel.

A adoção de uma postura de cooperação e construção conjunta do processo educacional, uma das possíveis saídas para a situação atual de isolamento entre a casa e a escola na educação, depende mais de uma decisão política (vontade de fazer) do que de quaisquer outros recursos.

Embora a escola necessite de uma aproximação maior com os pais, a reversão do quadro atual de distanciamento é difícil, pois implica a ressignificação do papel da própria escola. E, ainda, na percepção de que ela pode estar afastando-os com uma postura autoritária. Esta parece-nos ser a parte mais difícil do processo de mudança: é mais fácil para muitas escolas reclamarem que os pais não se envolvem do que investirem tempo, energia e recursos humanos e financeiros em programas sistemáticos de aproximação com as famílias.

As escolas podem acabar cometendo um grave erro ao adotar relações distantes ou autoritárias com as famílias. A falta de comunicação e de um espaço para a construção conjunta do processo educacional pode levar os pais a abrirem mão de sua responsabilidade, gerando efeitos danosos tanto ao desenvolvimento intelectual quanto ao desenvolvimento moral e emocional de seus filhos.

A onipotência dos pais e/ou da escola contribui para a impotência dos alunos perante suas vidas, o que explica atitudes autodestrutivas, apatia e desinteresse pelo aprendizado.

Em meu site, apresento uma proposta para aproximação casa-escola passo a passo. Pode ser usada tanto por pais desejosos de construir ou ampliar a aliança com as escolas, como por estas no mesmo sentido – construir ou ampliar a aliança com as famílias.

# A TRANSFORMAÇÃO DA FAMÍLIA

**PROJETO DE VIDA** e **ESCOLHA PROFISSIONAL...** na prática

*Os FILHOS* precisam sentir em casa um ambiente no qual encontrem seus "pais", um lar no qual se possa conversar sobre...

Projetos, sem se sentirem abandonados nem sufocados;

Ambições, sem se sentirem ridicularizados nem mimados;

Interesses, sem serem desprezados nem ironizados;

Sonhos, sem serem menosprezados nem endeusados.

PAIS presentes, FUTURO promissor!

*A família A, composta por um casal e três filhos, está com o orçamento curto este ano, mas quer sair de férias durante 20 dias. Em um jantar, decidiram conversar para definir o destino. Os filhos querem muito conhecer a Disney. Embora os pais não tenham toda a quantia para a viagem, para não frustrar os jovens, parcelam o roteiro para pagar em dois anos. O nível de endividamento da família já está bastante alto, mas os pais não querem se sentir mal perante os filhos e costumam jogar na cara dos adolescentes que fazem tudo por eles.*

# Que TIPO de família é a SUA?

*A família B, composta por um casal e três filhos, está com o orçamento curto este ano, mas querem sair de férias durante 20 dias. Os pais, munidos de cotações de roteiros viáveis de acordo com o orçamento, decidiram conversar com os filhos e debater para onde iriam dentro de um espectro de possibilidades reais.*

Atualmente, podemos considerar a coexistência de três tipos de estruturas familiares: a conservadora, a moderna e a transitória, sendo que esta última recebe influências das outras duas.

A família em transição, poder-se-ia dizer, é a que mais "sofre" pela falta de parâmetros definidos sobre sua estrutura.

Na estrutura familiar conservadora, prevaleceria uma tendência ao patriarcalismo: a dinâmica é regida pelo princípio da autoridade, da rigidez, das normas e regras, do pai que manda e dá a última palavra. Em relação à educação dos filhos, os pais mostram-se em constantes situações de cobrança e vigilância. As famílias autoritárias são mais raras hoje, mas a forte rigidez em relação aos estudos dos filhos ainda predomina nelas.

A estrutura familiar moderna é o extremo oposto. Provavelmente surgiu como reflexo das mudanças culturais e econômicas que ocorreram intensamente no final do século passado. Nestas prevaleceu o princípio da liberdade e da permissividade. Vieram daí as correntes de pensamento negligentes e permissivas, o "deixa rolar", com suas músicas e ditados: "Deixa a vida me levar...", "Só um tapinha não dói...", "Tô nem aí...".

Em decorrência das influências de diversas teorias revolucionárias e libertárias nas ciências humanas e de uma série de movimentos culturais ditos progressistas, a individualidade, a liberdade e a relativização de tudo foi se instalando.

As uniões não convencionais entre os pais e os divórcios, além de novos arranjos familiares, foram aceitos com maior naturalidade nesse contexto. Os filhos passaram a morar com: apenas o pai, apenas a mãe, o pai e sua namorada, a mãe e seu namorado, com os avós ou alternadamente com cada um desses, segundo conveniências e disponibilidades do momento.

Devido a um padrão consumista sem precedentes, além da própria questão da individualidade, que se torna uma prioridade, as responsabilidades educacionais transferiram-se para a escola e o contato dos pais com esta e com os próprios filhos tornou-se cada vez mais restrito.

Nesta família nova, não apenas cuidar das crianças, mas também passar tempo com elas deixou de ser uma preocupação dos adultos. Os pais estão mais preocupados em se realizar, se divertir, viver intensamente a sua vida. Para um número cada vez maior de pais e mães, educar fica associado a um sacrifício e não a uma realização.

Recentemente, surgiu todo tipo de cuidadores: terapeutas, motoristas, *baby sitters* de adolescentes, professores particulares, atividades extracurriculares, sites na internet e os videogames, que muitas vezes apenas servem para calar e distrair os filhos.

A TRANSFORMAÇÃO DA FAMÍLIA

Isso correspondeu a uma necessidade de autorrealização dos pais e também à formação de uma nova identidade social dos adultos: todos querem ter muitos papéis:

↳ ser pai/mãe;
↳ ser membro do clube do vinho, do uísque, do charuto ou algo do tipo;
↳ fazer curso de barista;
↳ correr na equipe da empresa;
↳ estar no Facebook e em outras redes sociais;
↳ cuidar da *networking* no LinkedIn;
↳ ler;
↳ ter um tempo para si;
↳ fazer MBA e manter-se atualizado;
↳ curtir o *happy hour* semanal com os amigos;
↳ fazer terapia;
↳ cuidar da pele, do cabelo e de outros fios indesejáveis;
↳ praticar meditação... ufa!

Sem tanta pressão por conviver e zelar pelo coletivo, os membros da família se unem agora pelos sentimentos, pelos costumes, pelo estilo de vida em comum, não mais apenas pelos laços de sangue, como se cada um pudesse escolher a sua família e adotá-la segundo certa conveniência.

Na família de antigamente havia pouca privacidade, todos sabiam de todas as "histórias", e as emoções eram de domínio coletivo. Hoje, a palavra de ordem é o "eu". Em nosso tempo, prevalece a individualidade dentro das famílias. Cada um tem seu quarto, sua TV, suas roupas, seu telefone.

Não é raro — e a muitos já nem choca mais — uma mãe deixar os filhos com o pai, ou mesmo com os avós, para viver com o namorado. Afinal, ela quer reconstruir sua vida. As mães delegam cada vez mais e chamam isso de ser modernas.

Se no íntimo de muitas famílias impera o distanciamento, que motivação teriam os pais para se unirem às escolas? Eles simplesmente definem que a escola seja não mais uma "segunda família" (isso sempre o foi) e sim "A família", que deve assumir toda a parte delicada da educação. Aos pais caberia passar um tempo agradável com os filhos.

Assim fica fácil entender por que mais tarde seus filhos se mostram sem PAI — sem Projeto, sem Ambição e sem Interesse. Se um indivíduo cresce com a sensação de que está sobrando ou de que seus interesses não importam, passa a ter na indiferença a sua defesa, e assim, deixa de querer para não ter nem a chance de frustrar-se.

# O QUE ACONTECE QUANDO OS PAIS SE AFASTAM DA EDUCAÇÃO DOS FILHOS

**PROJETO DE VIDA** e **ESCOLHA PROFISSIONAL...** na prática

*AO SE AFASTAR* da formação do projeto de vida dos filhos, os pais perdem muito. Perdem a chance de se realizar, pois os filhos (com muita frequência) tenderão a compensar esse abandono com comportamentos inadequados ou com uma exigência desmedida em relação a si mesmos. Ao tentar recuperar o tempo perdido, poderão encontrar pela frente mágoas e ressentimentos muitas vezes irrecuperáveis.

Se você não sabe como conversar com seu filho sobre o projeto de vida dele, comece falando de si mesmo, puxando papo sobre alguma outra coisa, troque ideias com outros pais, leia sobre o assunto, entre em sites de orientação profissional, faça qualquer coisa, mesmo que erre, mas não se afaste dos seus filhos numa etapa tão delicada da vida deles. Seja o pai participativo. Seja amoroso. Esteja lá. Eles só têm um pai e uma mãe na vida.

*O casal A tem um filho de 18 anos, bonito e bem-apessoado. Seus pais desconfiam que ele já teve algumas experiências sexuais e imaginam que ele saiba se preservar, afinal, já tem 18 anos. Porém, os pais nunca conversaram sobre o assunto com ele, pois entendem que hoje o acesso à informação é muito rápido e facilitado. Eles pensam que a orientação sexual deve ser dada pela escola e não se sentem à vontade para falar sobre o assunto, e, se eles não tiveram essa orientação e sobreviveram, com o filho não há de ser diferente.*

# Que **TIPO** de **família** é a **SUA?**

*O casal B tem um filho de 18 anos, bonito e bem-apessoado. Seus pais desconfiam que ele já teve algumas experiências sexuais e por isso, sempre que possível, procuram orientá-lo em relação a como se preservar e evitar gravidez. Seus pais sabem que hoje o acesso à informação é muito rápido e facilitado, mas nem por isso deixam de instruí-lo e orientá-lo. Eles mostram conhecimento e dão bons exemplos a serem seguidos, pois sabem que o cérebro adolescente aprende pela repetição e pela afetividade, e não se omitem confiando na sorte.*

ncapacidade de aprender, de conviver e de se relacionar. Tudo isso tem uma forte relação com o fato de os
filhos sentirem:

↪ pressão ao extremo (no caso dos pais autoritários);
↪ que podem tudo e não precisam fazer nada (filhos de pais
permissivos);
↪ que nada do que fazem tem valor ou reconhecimento (no caso
dos pais negligentes).

Um dos maiores problemas do distanciamento entre os pais e
a escola é o fato de que não existe um esclarecimento a respeito das
condições escolares reais em que interagem os filhos, bem como não
existe um acordo de apoio entre a família e a escola. Sem saberem
uma da outra, tanto a escola como a família perdem.

Sem ao menos conhecerem uma à outra, famílias e escolas se afastam num acordo de silêncio que se reflete em apatia ou em uma enorme algazarra durante as aulas. Esse processo reflete ainda o modo silencioso com que muitos pais se sentem tratados pelas escolas. Raramente são ouvidos ou solicitam sua opinião.

Alguns dos problemas decorrentes desse afastamento dos pais:

- ↪ baixa autoestima e reduzido senso de realização por parte dos alunos;
- ↪ comportamentos autodestrutivos dos jovens: consumo de drogas e álcool, gravidez indesejada e suicídio ou pensamentos recorrentes de morte;
- ↪ baixo rendimento intelectual e/ou repetência.

Ao sentirem falta de apoio, de diálogo e de carinho em casa, os filhos dirigem sua dor e revolta contra si mesmos. Para muitos, sentir dor, sofrer, colocar-se em situações de risco, serem maltratados por amigos, namorados e usar drogas parece melhor do que a anestesia do silêncio que vivem em casa.

Ao não dialogarem, ambas as instituições — família e escola — não sabem o que se passa na mente e no coração dos jovens. Estes parecem tolos, revoltados, incompreensíveis e imaturos, quando muitas vezes estão sofrendo e pedindo ajuda desesperadamente.

Ao sentir o desespero do abandono (qualquer dos tipos acima citados), o adolescente coloca toda a sua carga de sofrimento contra si mesmo, seja para chamar a atenção, seja porque acredita que sofrer e se desprezar é o que merece, afinal, se nem seus pais o amam, então deve ser uma pessoa sem valor mesmo.

O QUE ACONTECE QUANDO OS PAIS SE AFASTAM DA EDUCAÇÃO DOS FILHOS

Isso me faz lembrar a jovem **CAMILLA, DE APENAS 15 ANOS,** que veio me procurar trazida pelos pais. Ao entrar na sala, a mãe e o pai pouco se olhavam. Enquanto a mãe falava, a garota ficara com a cabeça baixa num profundo silêncio.

A queixa dos pais é que ela gritava, xingava por qualquer coisa e andava muito revoltada. Os pais já não sabiam mais o que fazer. Ela não cumpria o combinado de ligar para dizer onde estava, e a mãe ficou sabendo por terceiros que ela tinha vivido sua primeira experiência sexual meses atrás.

Quando os pais saíram da sala, sentei-me ao lado da moça, que me olhou fundo nos olhos e disse: "Leo, eu não aguento mais. Eu estou muito mal. Meus pais não são nada disso que eles dizem, eles nem sabem que eu existo. Para eles só existe o trabalho, trabalho, trabalho e dinheiro. Eles pensam que se me comprarem essas roupas e joias eu vou ser feliz. Leo, tenho transado com um cara há dois anos e só falei pra minha mãe agora porque eu estava com medo de estar com aids, porque este menino está comigo e com mais um monte de meninas, e ele me bate quando eu não quero ficar com ele. Só que ele não me deixa usar camisinha e eu já peguei um monte de doenças. Minhas amigas já me largaram porque elas já me falaram para eu deixá-lo, só que não sei se quero. Tenho tanta dor dentro de mim que bebo até cair e muitos dias eu penso em me matar".

Senti muita dor dentro de mim ao ouvir um relato como esse. Ao ver tantas lágrimas em um rosto tão jovem, me senti cheio de vontade de mostrar para essa moça um mundo que ela talvez jamais tenha visto: o seu mundo, as suas possibilidades, o seu futuro.

Agradeci muito sua confiança e por ela ter se aberto comigo. Mostrei a ela um vaso que tinha na minha sala e perguntei se ela daria gasolina para aquela planta. Ela disse que não, claro. Perguntei se ela tinha um animal de

87

MEU FILHO CHEGOU À ADOLESCÊNCIA, E AGORA?

estimação, e ela disse que sim, que adorava seu cachorro. Perguntei o mesmo: se ela daria veneno a ele. Espantada, ela disse que não, claro.

Assim, fui mostrando a ela que, da mesma forma como cuidamos de nossas plantas e animais de estimação, precisamos aprender a cuidar de nós mesmos. Nesse mesmo dia, senti que precisava acalmar seu coração tão cheio de revolta. Pedi que aceitasse, ao menos, o fato de que poderia ser que seus pais a amassem muito (pedi que naquele momento ela apenas aceitasse ouvir isso), mas que eles não estivessem conseguindo perceber do que ela precisava. E, que se ela quisesse realmente tirar a sua vida, já o teria feito, pois se ela veio até mim era porque sabia que no fundo havia ainda muita vida dentro dela.

Mostrei que o próprio fato de ela estar sofrendo era sinal de que não era louca nem tola, muito ao contrário, que o sofrimento era o coração dela dizendo que algo não estava legal e pedindo que ela mudasse, que se desse uma chance de viver melhor.

Se ela fosse mesmo indiferente a si, não estaria com dor. As suas lágrimas eram o seu coração dizendo: "Ei, cuide de mim, estou sangrando, mas estou aqui...". Esse foi um dos tratamentos mais desafiadores que tive, pois as recaídas a levavam para um lugar de muita dor e autodestruição.

Somente com muita compaixão, orientação familiar e a participação da escola é que conseguimos uma nova vida para Camilla. A atuação da psicóloga escolar foi crucial, pois junto com ela mostrei aos professores que o comportamento da Camilla em sala de aula não representava desinteresse ou tolice de uma menina mimada, e sim que ela estava doente (da alma), sofrendo mesmo e sem condição de ter melhor desempenho naquele momento.

Hoje, Camilla cursa direito e está em um namoro seguro, sadio. Ela sente que em sua casa a relação com os pais ainda é um tanto distante, mas há respeito. O melhor é que ela tem levado sua carreira a sério, pois quer oferecer aos outros o que ela sentiu não ter recebido: proteção. Seu projeto de vida? Ser juíza de família, claro.

# UMA MAIOR PARTICIPAÇÃO NA VIDA ESCOLAR

**PROJETO DE VIDA** e **ESCOLHA PROFISSIONAL...** na prática

*HÁ VÁRIOS* modos de colaborar com a escola, pensando na escolha profissional de seu filho:

- Ofereça-se para dar uma aula sobre sua área de trabalho.
- Veja se poder receber em seu trabalho alunos da escola de seu filho que tenham interesse nas carreiras que existem ali.
- Ajude a organizar um evento de orientação profissional, com palestras de outros pais, nas quais cada um fale de seu projeto de vida, de seu estilo de trabalho e de sua contribuição à sociedade.
- Peça a amigos ou conhecidos empreendedores que deem palestras na escola sobre como abrir o próprio negócio, as carreiras públicas, a carreira política, o mercado de trabalho, a conquista do primeiro emprego, investimentos ou quaisquer outros temas relacionados ao mundo do trabalho. Fazer isso por meio de um blog de pais participativos também é uma boa.

Os jovens curtem fazer contato com outros adultos que se importam com eles.

*O pai A é muito ocupado. Sempre às voltas com reuniões, viagens e compromissos, quase não tem tempo nem para si. Quer dar à sua família o maior conforto possível e tudo que ele mesmo não teve na infância. Leva os filhos a parques e ao shopping, mas não desliga o BlackBerry. Promete ir aos jogos da filha, mas não hesita em faltar, pois sabe que ela vai entender. Sente-se culpado e compensa tudo que pode dando o melhor aos filhos: iPod, iPad, iPhone. Dá de tudo mesmo, menos o seu tempo. Seu passeio preferido: shopping. Seu compromisso mais adiado: o terapeuta do filho.*

# Que **TIPO** de **família** é a **SUA?**

*O pai B é muito ocupado. Seu trabalho envolve muitas reuniões, deslocamentos e viagens. Constantemente tem de realizar atividades em seus fins de semana. Por isso, todo ano, em dezembro, ele já anota em sua agenda do ano seguinte as reuniões de pais e mestres e os eventos importantes da família. Já houve sim situações em que ele não pôde comparecer. Por isso reveza com a esposa a presença física, e se colocam como meta um mínimo de presença de 80%. Eles sabem que se exigem dos filhos esse grau de comprometimento em suas atividades escolares, também precisam estar lá para eles.*

uais são os benefícios do envolvimento dos pais na educação escolar? De que forma uma boa aliança entre a casa e a escola impactam nos resultados escolares?

A união entre os pais e a escola contribui diretamente para a melhoria do cotidiano escolar em vários sentidos. Com um senso de aliança casa-escola, forma-se uma equipe que atua em conjunto. Há uma partilha de interesses, um fortalecimento das falas de ambos e maior organização da vida dos filhos. Quando cada parte indica uma direção a seguir, os filhos se perdem no meio do caminho e tendem a estacionar.

É interessante que a escola ofereça serviços de orientação familiar por seus próprios profissionais ou por especialistas. Se, por um lado, isso pode ser levado como mais uma "sobrecarga", mais uma atribuição à escola, pode ser visto também como uma forma de esta

MEU FILHO CHEGOU À ADOLESCÊNCIA, E AGORA?

obter uma elevação nos níveis de comunicação com as famílias que atende e em seus resultados.

Desejar que os pais participem mais sem oferecer motivação e sem pensar em estratégias para formar e gerenciar essa aliança não é eficaz e gera frustração em todos os envolvidos. Os pais se sentem excluídos, os educadores se sentem frustrados e os alunos ficam abandonados, perdidos e, não raro, confusos.

Orientar as famílias e aproximar os pais da educação de seus filhos traz, ainda, outros benefícios:

↪ provê estratégias para os pais poderem melhorar sua relação com os filhos;

↪ ajuda o educador a conhecer a família, saber como os pais reagem às atitudes dos filhos, formam e gerenciam suas expectativas e resultados alcançados;

↪ permite ajudar a definir com mais clareza o papel dos pais no estabelecimento de limites com os filhos e ajudá-los a se sentirem mais seguros nas suas orientações;

↪ coloca a escola como promotora de um importante serviço a sua comunidade, estabelecendo assim um papel de prevenção no atendimento aos pais, e claro, aos alunos;

↪ ocorre uma melhoria do rendimento em notas, participação e andamento escolar (comportamentos e atitudes gerais).

A escola proativa passa a não receber os pais somente quando os filhos apresentam problemas, mas sim para desenvolver um trabalho sério, profundo e comprometido, que gera um vínculo de mais confiança, reciprocidade e proximidade.

Um importante senso de continuidade é o que a criança sente quando seus pais e sua escola têm um bom relacionamento. Isso

# UMA MAIOR PARTICIPAÇÃO NA VIDA ESCOLAR

permite que a criança deseje ir mais a fundo no que faz, assuma mais riscos e se desenvolva intelectualmente com mais afinco. O envolvimento dos pais na educação é um dos fatores mais importantes para o aumento considerável de possibilidades de sucesso na vida escolar. O recebimento de informações ocorre dentro da sala de aula, mas a construção de hábitos, principalmente os de esforços, disciplina e respeito, começam dentro das casas, no seio da família, que também deve fazer sua parte.

# A ONDA DE CONSUMISMO E PERMISSIVIDADE

**PROJETO DE VIDA** e **ESCOLHA PROFISSIONAL...** na prática

**S**EGUNDO DADOS do MEC, cerca de 27% dos alunos desistem das universidades nos primeiros anos de estudo. Os adolescentes geralmente não recebem orientação para a escolha profissional, os cursos nessa fase são muito teóricos, há muitas mudanças culturais acontecendo, entre outros fatores. Um bom número de desistentes, porém, simplesmente larga a faculdade porque ela representa a necessidade de crescer, ir atrás, fazer escolhas e cuidar de si.

Para não pagar mico, não se frustrar, não se cansar, ou até porque "dormir até mais tarde" parece mais legal, muitos abandonam os estudos, e seus pais ficam sem saber o que fazer.

Logo no 2º semestre do 1º ano, ajude-o a trabalhar, mesmo que não seja ainda remunerado. Vá, aos poucos, reduzindo a mesada e motivando seu filho à autonomia. Ele ainda não está maduro, e precisa de seu estímulo, suporte e orientação. Faculdade não é passeio no shopping.

*Na família A, os pais são superpreocupados. É proibido tomar banho de mais de três minutos. Se o pai pega alguém desperdiçando água, esmurra a porta e manda sair imediatamente. Gritos como "A vida é dura"; "As coisas não caem do céu" ou "O dinheiro é para ser guardado" são comuns. Lazer e entretenimento são futilidades, mero desperdício de dinheiro. Os pais acreditam que criar um medo terrível de ficar pobre é importante para os filhos valorizarem o que têm.*

# Que TIPO de família é a SUA?

*Na família B, os hábitos de uso da água, da luz e outros gastos são conversados, ajudando os filhos a aprender a consumir com consciência. Lazer e entretenimento são investimentos em bem-estar e em amadurecimento, além de ricas fontes de aprendizado. Esses pais ensinam os filhos a ser otimistas e realistas, e a ir atrás de seus sonhos. Para eles, o dinheiro não nasce em árvores, mas vem do trabalho feito com dedicação. Os pais valorizam atitudes empreendedoras e mostram formas de aplicar o dinheiro.*

s crianças e adolescentes de hoje querem cada vez mais e se mostram cada vez menos pacientes. Os pais dão cada vez mais e treinam cada vez menos os filhos em habilidades que promoveriam um amadurecimento sustentável. Se há vinte anos era comum esperar o Natal para pedir aquela bicicleta ou um brinquedo especial, hoje, a cada passeio ou ida à videolocadora ganha-se um mimo.

Os supermercados já descobriram o poder de persuasão dos filhos e oferecem carrinhos especiais e gôndolas mais baixas para que eles mesmos escolham os produtos que desejam levar para casa.

Durante um curto espaço de tempo, houve um investimento em salas de entretenimento, nas quais os filhos ficavam brincando, muitas vezes até com profissionais como recreadores, psicólogos e outros cuidadores. Não demorou muito para que os profissionais de marketing percebessem que valia muito mais a pena que as crianças circulassem junto com os pais no supermercado.

O visual das lojas está cada dia mais alegre e divertido, e até o som ambiente que era chamado de "música de supermercado", por ser calmo e tranquilizante, cedeu lugar a ritmos mais agitados e inebriantes, para que não se pense mesmo. Agências de propaganda investem muito tempo e dinheiro em pesquisas para entender os gostos, desejos e preferências dos futuros consumidores, pois sabem que, se ganharem seu coração, poderão ter um público cativo por muitos anos.

Com medo de "pagar mico" por causa de uma birra, ou por não perceberem os perigos do consumo desenfreado, os pais entram na onda de serem "legais".

Muitos acabam não dando bola e atendem às chantagens dos filhos, comprando tudo o que eles querem para evitar brigas ou conflitos. Cada vez mais os pais fazem as vontades das crianças nos mais diversos contextos: nos supermercados, nas locadoras, nos postos de gasolina e onde mais existir uma possibilidade de agradar.

Mesmo na escola, pais negligentes ou omissos tentam comprar a simpatia ou barganhar vantagens para os filhos. Não é raro ver, em reuniões de pais e mestres, familiares tentando negociar uma nota melhor para um filho: "Mas ele se esforçou tanto, será que não dá para ajudar na nota dele com um trabalhinho?", "Mas eu o vi estudando tanto nos últimos dias antes da prova, não é possível que ele tenha tirado esta nota tão baixa". Outros são ainda mais ousados: "Mas, professora, precisa ser tão rígida assim?"; "Professor, a gente já tem viagem programada, o que é que dá para fazer?"; "Será que não dá para a minha filha fazer um trabalhinho?".

Não é incomum que dias antes de um feriado muitas crianças e adolescentes já levem bilhetinhos autorizando-os a sair antes do

## A ONDA DE CONSUMISMO E PERMISSIVIDADE

horário, ou mesmo a nem ir à escola, em absoluta contramão das escolas de países de Primeiro Mundo, nas quais os alunos passam muito mais tempo na escola e fazem muito mais tarefas de casa. Mas no Brasil não: é proibido frustrar, é proibido proibir, é proibido sofrer. Depois diz-se que os adolescentes é que não têm limites. E nós, adultos, que limites oferecemos a eles?

Consome-se de tudo e sempre: novas mochilas a cada ano, o novo celular assim que sair nas lojas, o novo tênis, a nova maquiagem, o novo videogame com fitas piratas. Esperar ter dinheiro para comprar o produto original? Para quê? Consomem-se novos bonequinhos a cada moda, novas roupas a cada festa, novos games a todo momento, o novo celular assim que sair, numa verdadeira onda de permissividade que parece muito divertida.

Só se percebem os males dessa onda de permissividade quando o consumo sem freio chega a formar a apatia, quando conduz a níveis de alcoolismo altos demais ou a outras drogas. Só que aí pode ser tarde demais. Tratamentos contra vícios ainda são raros e de eficácia ainda muito baixa. Isso gera diversos problemas que culminam em um ciclo vicioso e altamente prejudicial: a família gasta ainda mais do que pode, e com isso os pais tenderão a trabalhar cada vez mais para poderem pagar as despesas. Assim, tenderão a ficar mais tempo longe dos filhos, trabalhando para honrar essas mesmas contas.

Educar de forma participativa, formar filhos com autonomia e atitude empreendedora custa muito menos e vale muito mais.

Se é difícil dizer não (e aceitar a cara feia deles), é muito mais difícil lidar com um filho viciado: seja em fazer nada, seja em querer tudo. O vício machuca o corpo, reprime a mente e aprisiona a alma.

MEU FILHO CHEGOU À ADOLESCÊNCIA, E AGORA?

RECÉM-NASCIDO     3 MESES DE IDADE     6 MESES DE IDADE

Os neurônios do córtex (camada racional do cérebro) se conectam na medida em que o bebê ganha novos aprendizados.

---

Este diagrama nos mostra como as conexões cerebrais vão se fortalecendo com o passar dos anos. De fios esparsos, formamos verdadeiras teias de conexões, que com o exercício educacional se tornam cada vez mais fortes e poderosas. Repetir uma lição, reler uma matéria escolar, refazer uma atividade física, tudo isso vai aos poucos reforçando e fortalecendo conexões e tornando o acesso às informações ou atitudes cada vez mais rápido e automático. Isso também explica por que é tão difícil mudar um hábito: há muitas e muitas conexões a ser dribladas quando se tenta mudar algo. A dica é ensinar a fazer bem feito, intensamente, e repetir as lições muitas vezes até serem assimiladas.

# O CÉREBRO: ALIMENTOS E VENENOS

**PROJETO DE VIDA** e **ESCOLHA PROFISSIONAL...** na prática

*O **FATOR BERÇO*** é um grande diferencial hoje em dia. Jovens que são bem educados dentro de casa já saem na frente em termos de empregabilidade e têm mais chance de prosperar quando abrem seu negócio.

Uma das habilidades mais valorizadas hoje em dia pelo mercado de trabalho é saber trabalhar em equipe. Com times cada dia mais enxutos, demandas cada vez mais desafiadoras e cenários sempre mais incertos, as empresas do mundo globalizado precisam de pessoas que saibam compartilhar conhecimentos, que saibam conviver com as diferenças, que apreciem ouvir aos demais e especialmente que sejam polidas e bem educadas. Conviver bem é crucial para produzir melhor.

Há empresas que hoje ministram cursos de "Como apertar as mãos". Pode parecer estranho, mas aulas de polidez e etiqueta social já fazem parte da rotina de muitos executivos. Uma oportunidade e tanto para seu filho. Certo? Olha lá...

*A mãe da família A tem dois filhos. Ela os leva todos os dias para a escola e depois vai para o trabalho. Várias vezes por semana ela perde o horário, os filhos demoram para se aprontar e todos acabam chegando atrasados. No percurso até a escola, ela ultrapassa diversos semáforos vermelhos, se exalta com os carros da frente, com os pedestres e estaciona em local proibido para deixá-los mais próximos da entrada da escola e compensar seu atraso. Todo dia é um estresse imenso pela manhã naquela casa.*

# Que **TIPO** de **família** é a **SUA?**

*A mãe da família B tem dois filhos. Ela os leva todos os dias para a escola e depois vai para o trabalho. Para não perder o horário, ela programa seu despertador para tocar 20 minutos antes do horário de acordar. Isso lhe permite fazer as coisas com calma. Ela reveza as tarefas de acordar os filhos e preparar o café da manhã com o marido, de forma que ninguém se sobrecarregue. Isso também dá um tempo a mais para um eventual atraso ou manha de algum dos filhos. No percurso até a escola, toma cuidado para não se exaltar. Ela sabe que é um exemplo para seus filhos e que de nada adianta esperar deles o que ela mesma não mostrar em seu comportamento.*

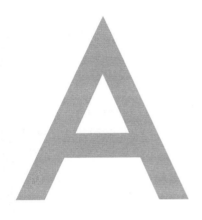

Ao atender a todos os pedidos dos filhos, ensina-se que não é importante planejar, que os impulsos são um bom fator para se decidir por uma compra. Pior ainda é que ocorre uma sensível redução no treinamento do córtex pré-frontal, aquela área do cérebro responsável pela tomada de decisões e pelo desenvolvimento do espírito empreendedor.

Os pais devem pensar em estratégias e caminhos que conduzam ao amadurecimento de seus filhos. Em educação, não existe não fazer algo. Não existe a omissão de um ensinamento. Tudo o que um pai ou uma mãe fazem converte-se em uma lição observada e internalizada pelos filhos, que aprendem com as ações e atitudes de seus familiares, professores e demais adultos, além, claro, de outras crianças, dos pais delas, de seus amigos, da televisão. Todos esses estímulos vão construindo um mosaico de informações sobre como proceder diante das situações.

Com o passar dos anos, o cérebro vai formando um esquema mental, que tenderá a se autoperpetuar e a automatizar o modo de viver as relações, de fazer escolhas, e o ato de esperar (ou não) pelas coisas. Se a criança aprende a ganhar o que deseja no grito ou se é ensinada a esperar, se no lar as pessoas aprendem a dialogar ou a brigar todos os dias, se é a filha que manda na mãe ou vice-versa, tudo isso fica marcado na mente da criança e cria um condicionamento que mais tarde se parece com uma verdade.

É por isso que algumas crianças aprendem cedo a gritar com suas mães, enquanto outras as têm como entidades sagradas. É por isso que algumas crianças aprendem a se esforçar o mínimo possível enquanto outras levam suas atividades até o fim.

Alguns filhos aprendem cedo que, se não fizerem sua parte, alguém o fará. Outros aprendem que cabe a eles cuidarem de si. Cada ação conta, pois, assim como num mosaico, cada peça compõe uma parte essencial de um todo, que resulta em um formato muito difícil de ser modificado com o passar dos anos.

Quanto mais avançada a idade, mais complexa é uma mudança, justamente porque as redes de neurônios vão ficando mais reforçadas, assim como as substâncias associadas ao prazer diante de certas experiências e desprazer diante de outras. Dessa forma, vale ressaltar que o mimo não é apenas não ensinar a esperar e sim ensinar a não esperar. Isso significa, em termos simples, que não ensinar os filhos a esperarem e a se esforçarem por aquilo que desejam não é apenas uma forma de mimar e sim de viciar os filhos em um padrão que faz com que o cérebro deles os tornem praticamente incapazes de esperar por coisa alguma.

# A NEUROCIÊNCIA DA FRUSTRAÇÃO: COMO O CÉREBRO REAGE AOS SENTIMENTOS

**PROJETO DE VIDA** e **ESCOLHA PROFISSIONAL...** na prática

*NÃO PODEMOS* cortar mais árvores (no presente) do que as que plantamos (para usarmos no futuro). Isso é sustentabilidade. Em termos educacionais, o raciocínio deve ser exatamente o mesmo.

O tempo, a saúde e a inteligência são recursos. Se os usamos bem ao longo da vida, mantendo bons hábitos e uma mente sadia, temos muito mais chances de ser saudáveis, de nos realizarmos profissionalmente e de ser felizes.

Passar pela vida desprezando as oportunidades é uma atitude insustentável que os pais não podem aceitar. Quem não planta não colhe. Para seu filho ter uma chance de oferecer ao filho dele um padrão de vida similar ao que tem hoje, deverá trabalhar muito mais do que você, pois há muito mais concorrência do que quando você entrou no mercado.

*A família A tem um filho adolescente que está em fase de escolher a profissão. Na família de seu pai, todos são engenheiros e este insiste que essa deve ser a profissão do filho. Porém, o sonho deste é fazer Gastronomia, e ele se sente pressionado pela família a seguir uma carreira com a qual não se identifica. Seu pai já deixou claro que o curso certo a fazer é Engenharia, e o apoiará fortemente se esta for a sua escolha profissional.*

# Que TIPO de família é a SUA?

*A família B tem um filho adolescente que está em fase de escolher a profissão. Na família de seu pai, todos são engenheiros e este sempre diz que essa profissão tem a ver com seu filho. Mas o sonho do filho é fazer Gastronomia. O menino percebe que seu pai ficará um tanto frustrado com sua escolha, mas sabe que o pai irá apoiá-lo a fazer o que realmente gosta. A família debate muito sobre a questão. Eles vão juntos a eventos informativos sobre profissões, acessam sites de carreiras e falam com pessoas que trabalham em ambas as áreas. Chegam a visitar algumas universidades para conversar com coordenadores dos cursos. Tudo isso dá trabalho, mas eles sabem que educação é uma forma de legado e se orgulham de estar presentes.*

Se você está feliz, triste, irritado ou cansado, tudo isso acontece por causa de mudanças químicas no cérebro, conduzidas por neurotransmissores. "Neuro" significa que são substâncias secretadas pelo cérebro, e "transmissores" significa que elas transmitem informações para seu corpo se sentir de uma forma ou de outra. Um neurotransmissor é como um mensageiro que informa ao seu corpo sobre como você deve se sentir diante de uma situação.

Imagine que seu filho esteja ouvindo música tranquilamente enquanto folheia uma revista. Muitas células nervosas em seu cérebro estão sendo ativadas para que ele possa entender o que lê, para processar de forma inteligente a memória, (analisar as) palavras, fazer as associações necessárias e uma série de outras atividades, que são realizadas para que aquilo que os olhos captam como imagens seja decodificado como algo que tenha significado e sentido.

MEU FILHO CHEGOU À ADOLESCÊNCIA, E AGORA?

Os neurotransmissores entram em jogo para dar motivação àquilo que fazemos e que nos dá prazer e para nos afastar de situações estressantes ou perigosas. Todo ser humano tende a se aproximar da felicidade e do prazer e a se afastar da dor e do sofrimento, por puro instinto de sobrevivência. Como poderíamos sobreviver se não tirássemos a mão de perto do fogo, por exemplo? A dor, nesse caso, nos protege contra a possibilidade de nos queimarmos.

Quando se trata de educar um filho, porém, a questão fica bem mais complexa. Muitas vezes, quando um filho tem um desejo importante, isso passa a ser sentido como algo que é fundamental para que ele possa ser feliz. Por isso, o filho sente que deveria ser atendido naquele momento. Ser atendido gera prazer e não sê-lo gera desprazer.

Vejamos a questão mais a fundo. Quando seu filho faz algo que lhe dá prazer, o cérebro dele secreta com mais intensidade um neurotransmissor chamado dopamina. Imagine que ele está jogando videogame e sente o aroma de seu bolo preferido, por exemplo. Quando isso acontece, a dopamina é intensamente liberada pelo cérebro, indicando uma lembrança de prazer e um desejo de repetir aquela experiência prazerosa (comer o bolo). Com isso, o corpo dele fica desejoso de comer o bolo, o estômago é ativado com a sensação de fome e ele pensa: "Hum, eu quero muito comer bolo".

Se sua mãe lhe diz para esperar até o final do jantar, o corpo do filho sente um conflito entre o que quer e o que pode fazer no momento. O coração começa a bater mais forte e há uma dúvida entre: a) "Obedecer à mãe" ou b) "Pegar o bolo já". O cérebro racional pode dizer ao filho para atender à alternativa "a" e não pegar o bolo já. Isso diminui a produção da dopamina. Assim, seu corpo sente a desagradável sensação de frustração. Com isso, o coração bate mais acelerado e sua respiração fica ofegante. O filho começa a bufar, para "descomprimir" seu estresse. "Que chato", o filho pode pensar.

## A NEUROCIÊNCIA DA FRUSTRAÇÃO:
## COMO O CÉREBRO REAGE AOS SENTIMENTOS

Se ele se mostra muito incomodado e age de forma desagradável, deve ser orientado a sair para brincar no quintal, para esfriar a cabeça, caminhar ou praticar algum esporte. Ao fazer isso, irá aumentar a produção de dois neurotransmissores: dopamina e endorfina, que trazem a sensação de felicidade e relaxam, da mesma forma que comer o bolo. É uma troca justa para o cérebro, e o filho aprende a se sentir feliz com alternativas que não geram problemas nem conflitos.

Mais tarde, ao final do jantar, o filho pôde pedir novamente o bolo e recebê-lo, pois era o momento adequado para que seu pedido fosse atendido. Agora, além dos dois neurotransmissores citados, há também a liberação de outro, a ocitocina, responsável pela satisfação e pela sensação de segurança e vínculo.

Porém, em vez de sair para dar uma volta diante da negação do pedido, ele pode acabar acionando a crença de que é incapaz de esperar, como reação ao incômodo sentido pelo estresse da espera, para a qual não estava treinado. "Eu tenho de ter isso agora" é o que seu cérebro pensa. "Não posso esperar" é o que ele acredita naquele momento. O pensamento dele direciona o comportamento.

Em função da falta de treinamento em lidar com a frustração diante de impedimentos, ocorre um aumento exagerado da secreção do hormônio do estresse, chamado cortisol. Este provoca um estado de estresse intenso no corpo: o coração bate mais rápido, as palmas das mãos começam a suar, a respiração acelera e o cérebro fica ainda mais tentado a procurar qualquer coisa que seja capaz de reduzir esse estresse, normalmente atendendo ao desejo imediato. Vem daí a tendência de provocar uma briga, jogar as coisas longe ou fazer qualquer coisa a fim de gerar uma sensação intensa de alívio, reduzindo o cortisol da frustração. A birra é justamente isso.

Em termos simples, o que acontece por trás do mimo e da superproteção contínuas é que os filhos acabam se viciando em ser

MEU FILHO CHEGOU À ADOLESCÊNCIA, E AGORA?

atendidos. Com isso, cada vez mais, seu cérebro torna-se viciado em produzir cortisol mais e mais rapidamente diante de frustrações, pois não houve o treino de gerar alternativas mais eficazes para se ter a dopamina e a endorfina — que trariam prazer e relaxamento — pelos próprios meios: relaxando, praticando um esporte, respirando fundo, distraindo-se ou esperando um momento melhor para ser atendido.

Isso explica o ataque de raiva de alguns adolescentes diante de imposições e/ou negações de seus pais, que dizem não reconhecer seus filhos quando estes se enfurecem. Quimicamente, é como se sentissem uma síndrome de abstinência, como um viciado em nicotina que se vê impedido de fumar. A química do cérebro, bem conduzida, nos leva a aprender, a empreender, a criar.

Pais participativos devem treinar a mente de seus filhos a lidar com as adversidades e as frustrações com criatividade e paciência, além de espírito inovador. Quando isso não é feito, a química cerebral pode viciar o adolescente em uma série de hábitos perigosos, como:

↪ desistir das coisas sem nem tentar de tudo;
↪ atacar aqueles que tentam educá-lo;
↪ procurar substâncias que o relaxem de novo — o que explica os casos cada vez mais frequentes de adolescentes que se drogam quando se sentem incapazes de estudar ou de prosseguir com suas metas;
↪ desistir de qualquer objetivo que pareça mais complicado, pois instintivamente o jovem sabe-se incapaz de se sentir frustrado e por isso sente que é melhor nem tentar algo que pode dar errado; ferir-se ou colocar-se em situação de risco, como forma de se distrair de algo que lhe dói muito;
↪ Para não se sentir sozinho, triste, vazio, frustrado, o jovem vê na droga uma forma de driblar a terrível sensação química do cortisol — hormônio do estresse — em seu organismo.

## A NEUROCIÊNCIA DA FRUSTRAÇÃO:
## COMO O CÉREBRO REAGE AOS SENTIMENTOS

Pais que entendem que o treino para lidar com a frustração é parte fundamental da formação de seus filhos estão fazendo um grande favor a eles. Esses pais os ensinam a regular seus desejos de acordo com as possibilidades reais e a buscar alternativas sadias, criativas e dignas de ser gratificados. Com isso há uma chance muito maior de não se habituarem a ser sempre atendidos, o que é algo impossível na vida real.

Se isso não é feito, que se paguem aulas particulares, antes mesmo de o filho tentar mais, por si, ou estudar com amigos da sala. Que se ofereça lipoaspiração em vez de cuidar do corpo na academia. Que se tente negociar uma matrícula na escola mais barata, em que seja fácil passar de ano, quando o filho não quiser estudar. Que se compre o resumo do livro que a filha não quis ler. Que se pague uma universidade que não oferece uma boa formação, apenas porque o filho não se preparou adequadamente... Precisa mais?

O uso do cérebro é um exercício que deve ser estimulado, tanto quanto ir à academia. Ao enfrentar uma adversidade, as conexões mentais ligadas à resolução de problemas são acionadas em uma espécie de "departamento mental", que em ciências cognitivas chamamos de "esquemas mentais". Pode-se treinar o pensamento.

Não é de se estranhar que, em uma época em que muitos pais educam de forma aleatória ou automática, muitos filhos estejam se sentindo perdidos e sem direção. Viciados em não se frustrar.

Assim como não dá para ir direto de São Paulo ao Guarujá pela Rodovia Presidente Dutra, não dá para ter filhos estudiosos se em casa as pessoas não leem, as aulas não são debatidas e reforçadas e nas férias não se programam atividades culturais e educacionais.

O que vemos nas famílias que praticam uma educação sem planejamento e sem direção é que os filhos têm muitas vontades imediatistas, mas pouco foco. Eles se sentem inseguros perante o futuro e mostram uma apatia sem fim.

MEU FILHO CHEGOU À ADOLESCÊNCIA, E AGORA?

Isso acontece porque esses filhos foram envenenados pela ilusão de que a vida lhes devia algo, que seriam protegidos para sempre ou que não precisariam esperar nem lutar pelo que querem. Esse padrão de relações com o mundo é insustentável e explica a ira com que reagem quando de repente seus pais, ou a vida, lhes tira algumas vantagens. De mimados viram tiranos.

É duro, mas é a realidade. Por trás da ira com que muitos pais são tratados quando tentam participar da vida de seus filhos está um padrão bioquímico viciado em prazer. Diante do sofrimento ou da demora em satisfazer-se, o cérebro reage com violência, tentando resgatar o conforto anterior.

Hoje a adolescência começa cada vez mais cedo e, em certos casos, parece não terminar nunca. Muitas vezes os filhos nessa fase se escondem na apatia para mascarar o medo (de tentar e falhar), ou a falta de vontade de crescer (pois é bom ser sempre atendido). Os pais se sentem sem forças para agir e temem pelo pior. Mas é nessa hora que a fibra moral dos adultos da casa deve prevalecer. Se os pais desejam formar pessoas sadias e seguras, devem analisar as estratégias empregadas no cotidiano familiar, bem como programar o destino desejado, sem o quê, fica parecendo que qualquer forma de caminhar serve.

Filhos que crescem acreditando que o mundo lhes deve (por terem recebido de tudo sempre que quiseram) acabam mais tarde tornando-se adolescentes sem **pais** — sem **p**rojeto, sem **a**mbição, sem **i**nteresse, sem **s**onhos.

Quando o casal é jovem e os filhos ainda são um projeto, os futuros pais se fazem mil juras de amor e de compromisso: "Vou ser o melhor pai do mundo"; "Serei uma mãe paciente e zelosa"; "Nossa família será especial"; "Não vou ser igual ao meu pai"; "A família será minha prioridade". São falas sinceras, que nem sempre conseguem

## A NEUROCIÊNCIA DA FRUSTRAÇÃO:
## COMO O CÉREBRO REAGE AOS SENTIMENTOS

ser cumpridas. Anos depois, é muito comum os pais chegarem a não reconhecer a casa onde moram, tamanho o espanto perante certas atitudes dos filhos. É como se eles se sentissem estranhos dentro do próprio lar.

Mesmo que os pais se esforcem, muitas vezes se sentem em dívida consigo mesmos, com a sensação de que algo poderia ter sido melhor, ou mais bem-feito. Os filhos desenvolvem sua personalidade a partir da carga genética, mais as experiências vividas em seu meio ambiente, além da reflexão sobre essas duas instâncias. Com base no modo como o pai trata os professores e vice-versa, como o pai trata a mãe e vice-versa, os filhos incorporam o que sentem no ambiente ao seu redor. O esquema mental da realidade se transforma mais adiante em um conjunto de regras, em um senso de direitos, deveres e obrigações sociais que tende a se repetir. É com base na observação das relações entre pessoas significativas que intuímos muito sobre o nosso papel nas relações que construímos.

Tendemos a considerar mais importante aquilo que em nossa própria casa é visto assim. Se nossos pais gritam um com o outro, incorporamos isso em nosso repertório. Se um pai ridiculariza ou menospreza o papel do professor ("Prestar vestibular para Educação? Tá louco, vai morrer de fome!"), como o filho poderá lhe dar ouvidos na aula seguinte? Filhos veem os professores pelos olhos dos pais.

É fundamental refletir e obter alguma clareza sobre o destino desejado para os filhos, de forma a planejar o caminho mais adequado para se chegar lá. Respeito se ensina respeitando, união se ensina estando presente. Educação se ensina valorizando quem a produz no dia a dia. O olhar dos filhos é sensível ao dos pais

Como agimos quando estamos nos dirigindo a um destino e não sabemos como chegar lá? O que fazemos? Paramos e perguntamos. A partir das dicas que o entorno nos oferece, seguimos em determinada direção. Só que os filhos não precisam perguntar: eles percebem tudo no ar. E repetem os modelos a que foram expostos.

Além de participar motivando, proporcionando recursos, dando reforço positivo e as devidas orientações quando os filhos se desencaminham, os pais devem refletir sobre as expectativas que têm para eles. Hoje em dia não é incomum observar uma onda de superproteção e permissividade. O que isso gera? Quando se pode tudo, geralmente não se quer nada.

Imagine que você vai a um dentista que é mediano (sinônimo de medíocre) em seu trabalho. Metade de seus pacientes fica satisfeita e a outra metade sente muita dor. Você iria a esse profissional?

Pense que sua filha vai almoçar em um restaurante no qual as verduras são lavadas com um meio cuidado, ou seja, nos dias pares elas são bem lavadas, mas nos dias ímpares elas vão para os pratos do jeito que estiverem. Se aparecer um bichinho, azar. Você deixaria sua filha se alimentar ali?

Pense agora se você levaria sua filha de 16 anos a um ginecologista que acerta em metade das prescrições que emite.

Imagine um casal que pense que uma nota 5 é muito boa para seus filhos. O que esses pais estão formando são pessoas com esse meio compromisso com o mundo e consigo mesmas.

Em um mercado de trabalho que apresenta uma média de setecentos candidatos por vaga para estágios (CIEE, 2007), qual é a chance de uma pessoa que cresceu em um padrão de mediocridade chegar lá? Programas de trainees tem milhares por vaga.

Qual é a chance de um médico conseguir progredir na carreira com uma atitude medianamente envolvida com seus pacientes, ou de um engenheiro conseguir destacar-se, se crescer empenhando apenas metade do seu potencial nos projetos que realiza?

A vontade e o comprometimento são desenvolvidos por aprendizagem. O cérebro precisa de treino sistemático para desenvolver-se.

## A NEUROCIÊNCIA DA FRUSTRAÇÃO:
## COMO O CÉREBRO REAGE AOS SENTIMENTOS

Por isso é tão importante que os filhos percebam que seus pais têm altas expectativas para eles, desde pequenos.

Sem perfeccionismo — porque ninguém consegue se sair bem em tudo — e sem permissividade, é possível formar uma atitude proativa, que será a base de todo espírito empreendedor e da sustentabilidade profissional que irá florescer no futuro. Sustentabilidade significa o bom uso dos recursos no presente, de forma a manter o acesso aos mesmos, no futuro. Em termos de recursos naturais isso é fácil de entender: não podemos cortar mais árvores (no presente) do que as que plantamos (para usarmos no futuro). Em termos educacionais, o raciocínio deve ser exatamente o mesmo.

A vida, o tempo, a saúde e a inteligência são os nossos recursos. Se os usarmos bem ao longo da vida, se mantermos bons hábitos e uma mente sadia temos muito mais chances de ser saudáveis, de nos realizarmos profissionalmente e de ser felizes.

Passar pela vida deprezando as oportunidades é uma atitude insustentável que os pais não podem aceitar, pois quem não plantar não vai colher.

É preciso lembrar que, para seu filho ter uma chance de oferecer ao filho dele um padrão de vida similar ao que tem hoje, deverá trabalhar muito mais do que você. Hoje há muito mais concorrência do que quando você escolheu a sua carreira e entrou no mercado.

Educar para a sustentabilidade é um gesto de amor e respeito ao direito do seu filho ter uma vida digna.

Como fazer para isso acontecer? Que atitudes fazem a diferença na formação dos filhos?

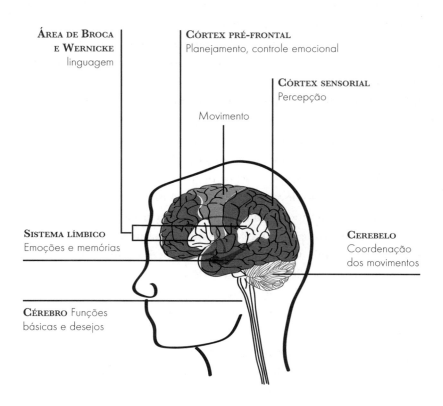

Na imagem, podem-se ver diversas áreas do cérebro, com destaque para aquela que amadurece por último, o córtex órbito frontal, sede do controle dos impulsos, da associação entre estímulos, ações e consequências, da regulação do comportamento, da proatividade e da reflexividade. Estes são fatores associados à maturidade. Hoje, sabe-se que todas as áreas cerebrais se relacionam de forma intensa e altamente veloz. Com o passar dos anos, novas conexões se formam. O cérebro tem uma alta plasticidade, ou seja, uma fabulosa capacidade de reconfigurar-se. Graças a isso, pessoas que se tornam cegas, p.ex., conseguem ter as conexões associadas ao movimento das mãos mais intensificadas. O mesmo ocorre com pacientes com AVC, que bem estimulados voltam a viver normalmente. Isso nos faz perceber que exercitar a mente é necessário para o bem-viver.

# VAMOS AO BÁSICO: A EDUCAÇÃO FINANCEIRA E A FORMAÇÃO DA AUTONOMIA

**PROJETO DE VIDA** e **ESCOLHA PROFISSIONAL...** na prática

*Assim como o vento forte* faz a árvore desenvolver raízes profundas para sobreviver e não se quebrar, o cérebro treinado a superar a frustração cria conexões voltadas ao empreendedorismo.

Nem sempre quem ganha mais se realiza mais. Mais dinheiro não significa mais felicidade. Estimular o filho a prestar vestibular para uma profissão "mais rentável" pode ser um perigo, pois ao escolher algo pensando apenas em receber (uma postura egoísta) perde-se o foco no servir, no ser e no devir, ou seja, perde-se a noção de oferecer valor com o que se faz e a confiança no destino.

Qual a chance de seu filho mostrar garra para destacar-se, nesse caso? O mundo precisa de mais gente com brilho nos olhos, com mais espírito empreendedor. Para ter bons frutos precisamos de boas raízes, de bons valores e de crescer em um solo onde haja dignidade e respeito aos demais.

*A filha de 12 anos do casal da família A ganha uma mesada de seus pais todo início do mês, mas acaba gastando-a com lanches extras na escola, pipoca, sorvetes, cinema, roupas e acessórios. Assim, sua mesada termina antes do fim do mês e ela acaba pedindo mais. Como é muito insistente, os pais acabam cedendo e decidiram aumentar o valor da mesada, uma vez que ela sempre precisa de mais um pouco. Aos poucos percebem que tudo o que dão não é suficiente e com frequência dizem que ela não tem limites. Mas continuam dando o dinheiro.*

## Que TIPO de família é a SUA?

*A filha de 12 anos do casal da família B ganha uma mesada de seus pais todo início do mês, mas acaba gastando-a com lanches extras na escola, pipoca, sorvetes, cinema, roupas e acessórios. Assim, sua mesada termina antes do fim do mês e ela acaba pedindo mais. Seus pais perceberam que era mais eficaz orientá-la a gastar o dinheiro que recebe, esclarecendo sobre o que ela realmente precisa, o que ela quer e como poupar para comprar algo que queira. De vez em quando a filha se engana, mas ela já aprendeu que não adianta insistir, pois seus pais sabem que não dar (dinheiro), muitas vezes, é dar mais (educação).*

eus filhos podem achar que é o fim do mundo não terem tudo o que desejam. Mas você, como adulto, já sabe que é o contrário: quem tem tudo acaba não valorizando nada.

Há pessoas pobres-ricas, que valorizam tudo que têm. E há pessoas ricas-pobres, que desprezam o que têm e não reconhecem valor em nada. A partir da educação que se recebe em casa é que se instalam essas atitudes de riqueza ou pobreza.

A construção da autonomia, da iniciativa, da proatividade, da criatividade e do espírito empreendedor, aspectos tão valorizados nos profissionais da atualidade, passam necessariamente pela capacidade de assimilar a frustração.

A falta gera o desejo, que gera o impulso de ir atrás do que se quer. A saciedade absoluta gera dependência — a sua e de quem mais prometer um mundo idealizado ao seu filho.

O desenvolvimento do espírito empreendedor e da autonomia depende da capacidade dos filhos de lidar com a frustração.

Esse aprendizado passa também pela sua própria frustração, ou seja, pela sua capacidade de aceitar que você, como pai ou mãe, nem sempre será amado e que na sua casa as negociações nem sempre terão finais felizes a curto prazo. Não é você que sempre diz ao seu filho que um dia ele o entenderá? Acredite nisso!

As crianças e os jovens da atualidade estão cada dia mais exigentes: querem comprar mais, ser mais, ter mais, poder mais ou, ao menos, parecer mais. Por outro lado, observamos uma crescente apatia, um desinteresse pelo amadurecimento e uma grande dificuldade dos pais em construir uma moralidade realmente assentada na autonomia.

Um ser autônomo internaliza princípios adequados de conduta porque escolhe viver por meio destes. Considera princípios e valores para tomar decisões, a fim de construir uma vida que é percebida por ele como melhor, para si e para todos.

Pessoas que crescem na heteronomia — em que as soluções dos desafios do cotidiano sempre vêm de fora — são facilmente manipuláveis e tendem a apresentar atitudes hostis perante quem as pretende educar.

Como ajudar os filhos a internalizarem uma moral autônoma, que os ajude a se tornarem adultos autônomos, responsáveis por sua vida, por seu destino, seu sustento e com uma visão integrada de seu papel na sociedade?

## Dê a seu filho o "direito de não ter"

Pegue uma criança de 5 anos de idade, dê a ela R$ 1 mil de aniversário, para que ela possa comprar o mais novo celular do mercado. Ela descobrirá muito rapidamente que existem novos modelos a cada dia e lhe pedirá mais dinheiro antes mesmo da próxima conta..

# VAMOS AO BÁSICO: A EDUCAÇÃO FINANCEIRA E A FORMAÇÃO DA AUTONOMIA

Uma das maiores contradições que os pais enfrentam é que podem dispor de recursos e vantagens para suas crianças, mas estes não serão necessariamente benéficos para elas. Por causa da quantidade de regalias que os pais podem oferecer a seus filhos hoje em dia, advindas do recente crescimento econômico e das diversas políticas de juros baixos e crédito fácil, fica cada vez mais complicado evitar que os filhos caiam em armadilhas consumistas. Muitas crianças vão consumir e consumir e consumir só porque as coisas estão à disposição. Então elas desenvolvem mentalmente uma permissão — e consequentemente um desejo, que se torna um direito autoimposto — de ter tudo o que o mundo lhes oferece e que as convence de que não podem ficar sem.

Ouço cada dia mais o discurso dos pais de que seus filhos não têm limites, não têm parada, que eles querem tudo.

Ora, o cérebro da criança, e, em certo sentido, do adolescente também, não se satisfaz facilmente. Ele tem muitos receptores de dopamina, o neurotransmissor da felicidade. Assim, é como se tivessem mesmo um saco sem fundo aberto para receber boas sensações.

Provavelmente, quando você era criança, seus pais não tinham condições de lhe comprar um par de tênis todas as vezes que você queria. Então, você aprendia a esperar o momento de trocar o tênis. Usava-se esse método inteligente de prolongar a espera como uma fonte de orgulho.

Com quase tudo havia um senso de cuidado e zelo. Desde o lápis da escola que era apontado até o final, a carteira da sala de aula que era sempre mais asseada, os livros escolares que eram apagados e passavam de mão em mão, as roupas dos irmãos, primos e amigos mais velhos que eram trocadas com orgulho. Desse modo, engenhosidade e apreciação tornaram-se ramificações do "direito de não ter".

Prover e fazer demais para os filhos, em vez de facilitar a sua vida, torna-a mais difícil ao longo do caminho. De repente a criança acorda e descobre que o mundo não foi feito para ela, que as coisas não vêm de "mão beijada" como estava acostumada em sua família. Quando as crianças são educadas para a autonomia percebem que o mundo não está aí somente para elas. E vão atrás de seus sonhos.

Ensinar a seus filhos algumas noções de educação financeira poderá ajudá-lo a constituir uma família com mais saúde mental, mais tolerância e mais aceitação. Isso é justamente o oposto de formar pessoas muito exigentes, impacientes e sempre infelizes, mesmo que tenham tudo.

## Por que é tão difícil aos pais frustrarem seus filhos

**Complexo de inferioridade**. Muito pais sentem, eles mesmos, uma idealização da necessidade de ter e consequentemente ser o mesmo que os outros. Isso reflete uma tentativa de prover itens pelo menos no nível e quantidade dos outros pais. Se o filho de seu amigo tem um computador X, ou um iPad novo, você se sente inferior e acredita que seu filho deve ter mais, para que você não se sinta menos.

**Medo da rejeição**. Há crianças hábeis em privar ou ameaçar os pais da privação de seu amor como forma de protesto porque não conseguiram o que queriam. Tal medo é frequentemente mascarado pela criação de um sistema de "entrega sem fim", ativado pelos pedidos sempre atendidos da criança.

Medo de que a criança interprete o seu ato de não dar como se você não a amasse mais, ou que nunca a tenha amado. Isso resultará em apertar o seu botão chamado "paga logo".

# VAMOS AO BÁSICO: A EDUCAÇÃO FINANCEIRA E A FORMAÇÃO DA AUTONOMIA

**Culpa.** Em função da noção de que você é mau por causa da sua omissão (seja ela real ou não), a criança aprende cedo a fazer chantagem ou manha e, com isso, toca sua culpa, sua sensação de estar devendo, e assim ela o tem nas mãos, para fazer o que bem deseja. Ansioso e com medo de ser rejeitado, você tende a fazer o que pode para ela. E o que não pode também, afinal, é só financiar que tudo se resolve. E lá vem as dívidas...

**A armadilha do conforto.** O simples desconforto que acompanha as restrições impostas a seus filhos é geralmente suficiente para evitar qualquer demonstração de que você não irá mais prover o que ela quer.

**Vergonha.** Há um certo desconforto em sair da manada. Se "todo mundo" deixa, se "todo mundo" compra, como sair da média, como ser você mesmo, como se assumir, como dizer não?

**Insegurança.** Se sua credibilidade como pai é falha, assim como sua autoconfiança, é melhor correr para provar que não é um pai tão ruim, ou não é uma má pessoa. Como o consumismo não tem fim, a criança nunca estará satisfeita. Para não ser visto como um nada, o pai dá tudo.

**Compensação.** Percebendo-se negligente em uma das fases de crescimento da criança, a mãe pode tentar retomar o tempo perdido com presentes sem fim. Por exemplo: ela viajou bastante por causa de seu emprego, ou trabalhou longas horas fora de casa, assim, quando os filhos pedem algo, ela se sente devendo e tenta recompensar todo o tempo que não estiveram juntos com agrados materiais. Que fique claro: o presente de hoje não apaga a ausência de ontem.

**Comparações com outros casais da família.** Essa dimensão especial de imitação de respostas de casais da família é geralmente uma atitude de rivalidade. Quando é vista como uma necessidade de estar sempre equiparado com tudo que os outros membros da família dão para seus filhos, prevalece a indulgência da criança. Os adultos competem para ver que filho tem mais, aparece mais, pode mais.

**Vaidade.** O ser humano tem uma forte tendência a achar que está sempre sendo julgado. Muitos problemas se instalam pelo autojulgamento dos próprios pais sobre suas habilidades de proverem bens materiais para seus filhos. O que os outros vão pensar de sua (in)capacidade de prover?

**Necessidade de aquietar as birras e chantagens da criança.** Afinal, é mais rápido e simples comprar logo aquele brinquedo do que esperar que a criança pare de chorar e negociar com ela uma oportunidade melhor para a compra. Aparentemente, é mais fácil agora. E depois?

**Propaganda exagerada sobre os efeitos nocivos da frustração infantil.** Muito se fala e inúmeros dogmas foram criados a partir da crença de que, quando as crianças se frustram, podem se tornar dependentes de alguém que as agrade mais, podem acabar usando drogas para esquecer seus problemas ou se tornarem agressivas, quando é exatamente o contrário. Quanto maior a habilidade de um indivíduo lidar com a frustração, maior sua capacidade de antever ou de criar situações favoráveis para si, de saber esperar pelo momento certo, de celebrar as conquistas, enfim, de obter uma vida sadia e feliz, ainda que dolorida em alguns momentos; como é a vida real. Judith Viorst, no livro *Perdas necessárias*, ressalta que a construção da maturidade e da autonomia só ocorre quando se aceitam certas perdas que ocorrem na vida, entre elas a ilusão de que temos tudo, de que nossos pais são perfeitos e de que nossas ações não terão consequências. Para a autora, é perdendo (ilusões) que se ganha (amadurecimento).

VAMOS AO BÁSICO: A EDUCAÇÃO FINANCEIRA E A FORMAÇÃO DA AUTONOMIA

# Vantagens de dar a seu filho o "direito de não ter"

Apesar de não ser simples nem agradável, há muitas vantagens em criar filhos com saúde financeira. **Isso cultiva um agudo senso de apreciação e gratidão na criança.** Quando se tem uma base de comparação entre ter e não ter, fica fácil perceber que a experiência de ter é muito mais prazerosa. Ao perceber o vazio e a plenitude, há como comparar e até agradecer o que se tem. Um filho que tem tudo não aprende a reconhecer o valor de nada mesmo.

**Encoraja a engenhosidade, a capacidade de agir assertivamente e a criatividade.** Quando os filhos são forçados a procurar seus próprios caminhos, aprendem a ir atrás daquilo que querem. Em vez de lhes dar sempre mais e mais, os pais, ao ensiná-los a lidar com a frustração, acabam lhes fazendo um favor: o de treiná-los para a vida. Se o filho não tem algo agora, ele aprende a esperar, a negociar alternativas, a reconstruir um brinquedo, a fazer trocas com amigos, a curtir outras coisas.

**Desenvolve tolerância e paciência.** A vida não provê uma árvore de dinheiro em seu jardim. Para os pais, gastar dinheiro como se essa árvore existisse só irá resultar em uma atitude rude por parte da criança quando a realidade bater em sua porta. Desestabilidade emocional e baixa tolerância a frustrações são criadas quando os pais colocam os desejos dos filhos sempre em primeiro lugar. O vício em ser agraciado é muito perigoso, pois não é sustentável. Ninguém pode ter tudo sempre.

**Gera humildade e compaixão.** Sendo treinado a sentir a falta, o filho aprende como a maioria da população mundial vive sem ter tudo. Uma postura humilde o coloca em sintonia com a humanidade. Isso pode dar ao seu filho subsídios para aprender a ter empatia pelos menos afortunados. Leva também a ter boas maneiras, ao aprendizado de dar e receber, bem como a um maior equilíbrio nas relações interpessoais.

**Dissipa tendências à arrogância, à superioridade e à prepotência.** Ao perceber que há o que conquistar, que não se tem tudo, o filho aprende que não é superior a ninguém e que vive em uma sociedade interdependente, em que cada pessoa tem seu valor, suas dificuldades, seus diferenciais e suas vantagens. Isso tem um impacto importante sobre a formação da moralidade e até na rede de relacionamentos futura, que será beneficiada. Ninguém quer estar perto de gente arrogante.

**Aceitação da aprendizagem.** Não ter ensina os filhos a descobrirem o que fazer para merecer recompensas e vantagens e instala a filosofia da aceitação, especialmente depois de perceber que não adianta choramingar e espernear, pois naquela casa há adultos que prezam a si mesmos e ao seu capital.

Traz uma sensação de habilidade, competência e independência. A filosofia do "Posso fazer por mim mesmo", em vez de "Você tem que fazer por mim", é um dos pilares da moralidade sadia e mesmo o empreendedorismo na vida adulta começa com esse treino.

**Aumenta a autoestima.** Ao não dar tudo, você demonstra ao seu filho que acredita que ele é capaz de esperar, ou de criar outra solução, ou até de melhorar sua argumentação para lhe mostrar por que merece aquilo que lhe pede. Mais importante ainda, você mostra acreditar que ele é capaz de vencer a si mesmo. Tudo isso amadurece o raciocínio e promove um senso moral sadio. Quem não vence a si não conquista mais nada no mundo externo.

VAMOS AO BÁSICO: A EDUCAÇÃO FINANCEIRA E A FORMAÇÃO DA AUTONOMIA

## Colocando em prática a arte de "lidar com a frustração"

Seus filhos não irão lhe agradecer (pelo menos não antes dos 30 anos de idade) por seguir as próximas sugestões, mas elas podem fazer uma grande diferença na formação moral deles, na sua saúde e no bem-estar de toda a sua família.

**Diga "não" sem culpa.** Reconheça que dizer não a exigências inadequadas é um ato de generosidade e uma boa preparação para as dificuldades do mundo real.

**Lembre-se de que está prevenindo problemas futuros.** Não é porque seu filho está "babando" por algo que queira, que você tem de lhe fazer uma oferta. Querer nem sempre é poder. Você já aprendeu isso. Deixe seu filho perceber isso também. Ensinar a lidar com a frustração previne a formação de um caráter aproveitador, oportunista e imediatista.

**Deixe passar algum tempo.** Seu filho pode querer uma resposta rápida, mas isso não significa que você tem de dar essa resposta imediatamente. Em vez disso, pare um tempo para pensar na melhor solução, e só então dê a sua resposta. Dessa maneira, sua resposta não será impulsiva e depois você será capaz de sustentá-la.

**Aponte a distinção entre direitos e privilégios.** Você tem a obrigação legal e moral de prover três refeições diárias, uma boa escola e um lugar adequado para seus filhos morarem, mas isso não significa que eles têm, embutido no "pacote filho feliz", o privilégio de ter o "melhor pedaço da pizza", o mais novo celular ou aulas particulares a cada trimestre de aulas. Deixe-os saber que esses privilégios são, eventualmente, conquistados. Isso pode contribuir para um saudável senso de apreciação.

**Restrinja ofertas e propostas.** Não seja tão ansioso em antecipar os presentinhos de que seu filho poderia gostar, pois pode dar a impressão de que você está especialmente ansioso para acertar. **Faça-os merecer e esperar.** Insista em que eles façam por merecer pelo menos parte do que estão pedindo, para que, antes de lhes serem concedidas as trocas, eles aprendam a ter paciência e apreciação.

Quando couber, use o pedido da criança para lhe ensinar a diferença entre normal e saudável. "Todos os meus amigos têm um" é geralmente a chantagem usada pela criança. Tente mostrar a seu filho que o fato de muitas pessoas "terem algo" ou se engajarem em alguma atividade não significa que será a melhor coisa para ele; que, se você decidir atender ao seu pedido, não é porque a maioria tem ou fez. Apenas quem se sente como "qualquer um" é que segue o que "todo mundo" faz, por medo de ser abandonado. O que não é o seu caso, certo?

**Desencoraje exageros.** Educada, mas firmemente, mostre a seu filho que não é vergonha nenhuma não ter dinheiro para certas coisas.

Com firmeza e autoconfiança, explique a seu filho sua posição quando recusar um pedido dele, e dê uma explicação racional para tal, mas não faça sermões nem fique na defensiva. Em outras palavras, não se perturbe com as perguntas das crianças e não se obrigue a dar grandes explicações sobre suas razões. Não importa quão completa seja sua resposta, não será a que a criança quer ouvir. Você tem todo o direito do mundo de dizer: "Não quero", "Não concordo", "Agora não é o momento", "Vou pensar a respeito". Você não veio ao mundo com a missão de agradar a seu filho o tempo todo. E, mesmo que sua culpa lhe diga que esta é a sua função no mundo, lembre-se de que ensinar a lidar com a frustração é uma forma de ensinar felicidade e dignidade, que é também uma forma de agradar, talvez um dos maiores carinhos indiretos.

VAMOS AO BÁSICO: A EDUCAÇÃO FINANCEIRA E A FORMAÇÃO DA AUTONOMIA

Deixe seu filho saber que a negação do seu pedido pode favorecer considerações futuras. Cultive a esperança e encoraje seu filho a uma futura comunicação, deixando a criança saber que você está feliz em que ela seja livre para fazer seus pedidos, e que quer que ela continue assim. "Sim, minha filha, eu entendo que você quer muito isso e eu respeito essa sua vontade, mas nesta casa os valores são diferentes. Eu e seu pai combinamos que ainda não é o momento." Não desqualifique o que para seus filhos é importante, mas não se submeta ao que lhe é inadequado.

## Trocando o diálogo interno

Diante de situações delicadas, como ver um filho chorando ou uma filha fazendo chantagem emocional, os pais podem se ver diante de dilemas ou dúvidas em relação a temas que para eles são claros. Quando percebem a dor do filho ou da filha, começam a questionar tudo de novo ("Mas será que a gente não poderia mesmo dar?", "Ele vai ficar tão triste", "Será que não estamos sendo rígidos demais?").

Por ser muito dolorido ver quem amamos sofrer, muitas vezes os pais abrem mão de suas convicções e podem errar feio.

Essa é uma das principais razões do altíssimo número de famílias brasileiras com endividamento: educar financeiramente e ensinar a arte de lidar com a frustração demandam algum sofrimento no curto prazo, assim como ir para a academia faz a gente suar e até sofrer um pouco nos primeiros momentos.

Ganhar pode significar perder, e perder pode significar ganhar. Ao aprender sobre como manejar seus desejos, os filhos desenvolvem a autonomia e o autocontrole, o que vai fazer toda a diferença na vida adulta, quando tiverem de persistir na hora de prestar um vestibular para uma carreira concorrida, quando terminarem um namoro

MEU FILHO CHEGOU À ADOLESCÊNCIA, E AGORA?

importante e sua autoestima for colocada à prova, quando quiserem entrar na seleção esportiva do colégio ou mesmo quando sentirem dificuldade em encontrar um bom emprego ou a melhor forma de vencer a concorrência no seu ramo profissional.

Tendemos a reagir a nossos pensamentos como se fossem leis. Aprender a questionar suas próprias ideias é um exercício importante a ser feito pelos pais, no sentido de ensinar os filhos a lidar com a frustração. Afinal, pais tendem a se comportar de acordo com o que pensam. Se o pai acha que deve atender a tudo que um filho pede, tenderá a agir com permissividade.

Especialmente no que diz respeito a dinheiro e privilégios com que mima os filhos, pensamentos mandatórios ("Você deve", "Você tem que") compõem o que chamamos de diálogo interno viciado, uma voz interior que coloca os pais em situação de aprisionamento. São pensamentos geralmente inapropriados e, com muita frequência, não são verdadeiros. Por isso, devem ser combatidos e substituídos por ideias que sirvam a uma educação mais sadia e eficiente.

Se pensar diferente, um pai pode inibir uma ação automática. Assim, nada melhor do que aprender algumas estratégias de pensamentos alternativos a diálogos internos inadequados. Veja a seguir alguns exemplos interessantes.

A filha de 17 anos pede para ir viajar com as amigas para um lugar deserto, sem nenhum adulto por perto. A mãe pode pensar: "Eu não posso negar um pedido da minha filha, pois ela vai ficar de fora da roda de amigas". E assim deixa a filha ir, mesmo sem concordar.

Ou pode pensar de forma mais participativa e dizer: "Sim, é verdade que é desagradável não estar presente em todas as situações da turma. Mas eu realmente me importo com a sua segurança e não é verdade que você nunca pode sair, apenas nos casos em que sua integridade pode ser ameaçada, como agora. Como eu te amo,

# VAMOS AO BÁSICO: A EDUCAÇÃO FINANCEIRA E A FORMAÇÃO DA AUTONOMIA

você não vai. Se quiser fazer a despedida com elas, *ok*, e, se precisar, chame-as aqui um dia e eu explico meus motivos, sem problema, pois acho que nem elas entendem o tamanho do perigo que estarão correndo".

Nesse caso, temos uma resposta longa, explicativa, que mostra consideração, mas não submissão.

O filho de 14 anos pede um novo celular de aniversário, tendo ganhado um no Natal, quatro meses atrás. O pai pode pensar: "Ele vai achar que minha recusa é porque eu não o amo", e com isso, em nome da culpa, dar o celular, ou, ao contrário, pode pensar diferente e dizer: "Querido, eu entendo que esse novo celular deve ser muito legal mesmo. Eu também quero um desses um dia. Mas assim como este que acabou de ser lançado é o máximo, quando for o momento de ganhar um novo haverá novidades muito bacanas também. Sugiro que você curta bastante o que tem, pois, se ficar pensando mal do que é seu, além de não ter um novo, vai acabar ficando triste com o que o fez muito feliz poucos dias atrás. Lembre-se da sua alegria quando ganhou este. Use-o com o mesmo amor com que o recebeu, esgote todos os aplicativos que puder. Te amo, viu?".

Nesse caso vemos outra resposta longa e considerativa, mas não subserviente.

O filho quer começar a fumar dentro de casa. Os pais não concordam com isso, mas começam a ser assaltados com a ideia: "Os pais dos amigos dele podem pensar que somos muito rígidos ou terem uma opinião negativa a nosso respeito".

Ou podem pensar de outra forma: "Não concordamos com o fato de nosso filho fumar. Isso faz mal para a sua saúde e não é negociável. Se por um lado não podemos blindar a vida dele, ao menos que ele saiba o que pensamos e como nos sentimos em relação a isso. Cada cabeça, uma sentença, e a nossa condena o cigarro. Dentro de casa nós temos o direito de eleger nossos valores e princípios e segui-los. Que pena que tantos casais abandonem o seu papel como pais para serem fantoches nas mãos dos filhos". Nesse caso, em vez de se preocuparem com a sua popularidade, os pais se resguardam em seu papel de líderes e em preservar seus valores.

A mãe, uma alta executiva, ao se ressentir por passar muito tempo fora de casa em atividades profissionais, pode pensar: "Tenho de me retratar por todo o tempo em que estive ausente comprando tudo que eles quiserem". Ou pode pensar de outra forma: "Eu amo meu trabalho e me realizo assim. Tenho o direito de ser feliz. Meus filhos irão aprender um dia que, mesmo não sendo a mãe mais perfeita do mundo, eu os amo do meu jeito e eles têm sim toda uma rede de apoio emocional, com a avó, uma escola maravilhosa e um pai bacana que pode estar com eles bastante tempo. É o nosso acordo em casa. Eu me recuso a me sentir culpada por estar fazendo algo que me realiza como ser humano e não irei comprar o carinho dos meus próprios filhos. Em vez disso, aproveitarei todo o tempo que puder para cozinharmos juntos, cuidar do jardim, brincar com eles, tudo que signifique que estar junto é o maior dos presentes. A minha presença é um presente, assim como a presença deles na minha vida é uma bênção".

A educação financeira é um projeto de médio e longo prazos, assim como aprender a lidar com a frustração. Não tem de significar sacrifício, nem longas brigas. Isso só vai ocorrer se você, como pai ou mãe, não vencer sua culpa ou necessidade de ser amado a qualquer preço. Se você tiver limites, seus filhos também os terão.

No final das contas, filhos aprendem a amar pais que se amam. Pense nisso quando estiver frustrando seu filho e ele ficar triste: focalize as vantagens no longo prazo e lembre-se da frase de Oscar Wilde: "De que adianta formarmos pessoas que sabem o preço de tudo, mas não reconhecem o valor de nada?".

# O ESTRESSE BLOQUEIA A MENTE. O ABANDONO NOS ESTRESSA

**PROJETO DE VIDA** e **ESCOLHA PROFISSIONAL...** na prática

**"*TER QUE*"** decidir por determinada carreira pode gerar uma alta carga de estresse. É importante que o vestibular e a escolha da profissão sejam associados não a um sofrimento ("Coitadinho do meu filho", "Que carga puxada que ele tem que estudar", "Como os jovens sofrem hoje"...) e sim a uma responsabilidade social e um privilégio.

Escolher é abrir a oportunidade de colher (lá na frente) um bom fruto da vida que se constrói. Escolher = *Excolligere* = Selecionar (algo para fazer), adotar (uma causa), optar (por uma identidade), eleger (uma missão).

Nosso cérebro tende a bloquear-se diante de situações ameaçadoras. Como sentir motivação se crescemos ouvindo que este é um momento terrível? O vestibular não é um bicho de sete cabeças para alunos que têm pais participativos, bons hábitos de estudo e uma boa autoestima.

*O casal A tem um filho de 6 anos, e a mulher quer ter mais um filho. Porém, o marido não quer, por diversos motivos, que já foram explicados a ela. A esposa constantemente pede que o filho diga ao pai que quer um irmãozinho, mesmo sem saber a opinião do menino. Assim, o desejo dela talvez tenha uma chance de se concretizar. Ela usa o filho para fortalecer sua posição contra o pai.*

# Que TIPO de família é a SUA?

*O casal B tem um filho de 6 anos, e a mulher quer ter mais um filho, porém o marido não quer, por diversos motivos, que já foram explicados a ela. Ela compreende os motivos do marido, mas também expõe os seus, e frequentemente o casal debate sobre qual seria a melhor solução. Ela já tentou convencê-lo com diversos argumentos, mas ele não mudou de opinião. O próximo passo dela é agendar algumas sessões de orientação ao casal, para não tornar esse seu desejo um problema. Quem sabe, com a ajuda de um mediador, eles consigam um acordo no qual o marido se sinta satisfeito e ela não se sinta rejeitada em seu desejo de aumentar a família.*

m situações de alto estresse, o cérebro não rende. A cabeça não consegue aprender matemática quando o coração sente que em casa as relações são de subtração continuada (filhos de pais omissos).

Fica complicado aprender física quando se vive em constante atrito (filhos de pais autoritários), assim como é muito mais árduo aprender história quando se sente que as únicas passagens importantes da vida são aquelas nas quais nos divertimos (filhos de pais permissivos). Este é o aluno que pensa: "Para que estudar se em casa se fala que isso não serve para nada e meu pai se deu bem sem saber nada disso?".

A neurociência mostra que uma forte carga de estresse gera uma liberação acentuada de adrenalina, substância que em boa quantidade contribui para a liberação de mais acetilcolina, uma espécie de lubrificante das sinapses. Assim, a adrenalina indiretamente ajuda-nos a ter mais e melhores conexões cerebrais e por isso é importante estar motivado e com energia para estudar ou praticar um esporte.

Em quantidades exageradas, porém, a adrenalina inibe a aceticolina, substância que "liga" as sinapses, as conexões cerebrais. Vem daí o ditado popular que nos manda relaxar antes de tomar uma decisão.

Quando estamos estressados, seja física ou emocionalmente, o cérebro reage apenas com sua porção instintiva. E faz sentido. Se estivéssemos nas savanas africanas e avistássemos uma grande cobra, ou um predador maior que nós, não seria interessante que o cérebro gastasse tempo e energia para entender se aquele ser que nos ameaça é um anfíbio, um réptil ou um mamífero, mas sim que ele nos preparasse para correr ou lutar.

Vem daí a expressão "dar um branco" diante de situações altamente estressantes, pois nesses momentos ocorre uma migração do sangue das partes periféricas do corpo (membros e pele) para as áreas vitais (cora-

ção, pulmão, rins), de forma a nos proteger de escoriações e nos fornecer uma sobrecarga de energia de luta ou fuga. Conviver com o abandono continuado é uma das mais intensas formas de estresse que se pode conhecer.

---

Tensos, não pensamos bem. Quando estamos muito ansiosos, nosso cérebro envia sinais para liberarmos mais adrenalina, o que nos deixa prontos para lutar ou fugir. Em excesso, ela inibe a acetilcolina, substância que conecta as células cerebrais. Ao se perceber com menos capacidade de pensar, a pessoa perde parte importante de sua segurança, o que reforça a sensação de medo, num círculo vicioso prejudicial ao indivíduo.

# OS MODELOS VIVIDOS EM CASA SE REPETEM NAS RELAÇÕES ESCOLARES

**PROJETO DE VIDA** e **ESCOLHA PROFISSIONAL...** na prática

*CONTE AO SEU FILHO* as lições que aprendeu no seu trabalho, na sua vida. Fale com ele sobre seu aprendizado, sobre as experiências bem-sucedidas, como superou situações delicadas, suas ou de seus amigos e colegas de trabalho.

Muito do que o filho pensa sobre o trabalho, a vida e o mundo adulto vem do que ele ouve dos pais no dia a dia. Não é preciso pintar o mundo de cor-de-rosa apenas para proteger o filho das adversidades e desafios.

Por outro lado, falar apenas nos problemas ajuda a formar uma apatia defensiva. Os filhos precisam ouvir que você acredita neles, em si, nos outros e na vida. O excesso de otimismo pode ser tão prejudicial quanto o pessimismo de carteirinha. Deixe seu filho guiar seu próprio espírito.

*Na família A, a filha de 12 anos mudou de escola recentemente, pois sua família transferiu-se de cidade, e ela tem reclamado a seus pais que não está gostando, pois sente falta de seus antigos amigos. Os pais da moça explicaram que não será possível voltar para a escola anterior, mas disseram que, se ela quiser, pode escolher uma nova escola. Deixaram-na livre para decidir onde quer estudar.*

# Que TIPO de família é a SUA?

*Na família B, a filha de 12 anos mudou de escola recentemente, pois sua família transferiu-se de cidade, e ela tem reclamado a seus pais que não está gostando, pois sente falta de seus antigos amigos. Os pais compreenderam a situação e explicaram a ela que é preciso esperar um pouco até que se adapte a essa nova situação e faça novos amigos, pois é tudo muito recente. Pedem que ela tenha um pouco de paciência e que conversem com frequência, para verificar se a solução é realmente mudar de escola. Cabe, também a ela, buscar novas atitudes diante do novo cenário.*

s relações que o aluno constrói em sala de aula são de alguma forma repetições do que ele vive em casa. Afinal, os professores fazem o papel dos pais naquele ambiente.

Se os alunos cresceram superprotegidos, esperam professores que os empurrem. Se vivem em um lar autoritário, esperam professores bravos, mandões. Se convivem com pais ausentes, podem não entender o motivo de realmente se envolverem com sua escola. Claro que nem sempre é assim e, se um aluno tem uma relação significativa com um ou mais de seus professores, tudo pode mudar para melhor.

Boa parte do abandono escolar, seja este efetivo (o aluno sair da escola) ou tácito (estar de corpo presente, mas sem querer aprender de fato), decorre desse vazio de relações e dessa falta de apoio entre a casa e a escola, pois fica parecendo que o problema do jovem

MEU FILHO CHEGOU À ADOLESCÊNCIA, E AGORA?

é uma questão do outro (a escola acha que a família deve dar um jeito e vice-versa).

Menos julgamento e mais desejo de ajudar são os fatores de sucesso de qualquer tratamento e ação educativa. Uma tríplice aliança: psicoterapia, orientação familiar e atenção do corpo escolar é sempre mais eficiente do que culpar o jovem por estar sofrendo.

Com muita frequência percebo que, ao sentir solidão e abandono, muitos adolescentes passam a também se tratar com descaso, descuido, desamor. Sem se sentir amados por seus pais, desistem de cuidar de si próprios. Quando falta o carinho e a afetividade em casa, as crianças se sentem muito inseguras e ameaçadas, o que se traduz em:

→ explorarem menos o ambiente, seja em suas casas, seja em seu ambiente escolar;

→ tornarem-se menos curiosas;

→ fazerem menos perguntas (seja umas para as outras, seja para seus professores);

→ compartilharem pouco seus sentimentos e pensamentos;

→ revelarem pouco entusiasmo em relação aos sentimentos dos outros;

→ o oposto da situação acima: preocuparem-se demais com popularidade;

→ apresentarem dificuldade de atenção;

→ envolverem-se em brigas na escola;

→ estarem excessivamente agitadas;

→ isolarem-se socialmente.

Com alguma frequência, alunos abandonados parecem não ver nem ter consideração pelos demais e se tornam abandonadores. Isso pode se revelar de diversas maneiras:

OS MODELOS VIVIDOS EM CASA SE REPETEM NAS RELAÇÕES ESCOLARES

↪ *bullying*;
↪ *cyberbullying*;
↪ agressão física ou verbal a professores e demais figuras de autoridade;
↪ achar engraçado tornar-se alvo de brincadeiras ofensivas dos demais e provocar situações nas quais seja ferido;
↪ automutilar-se, machucar-se;
↪ autoescoriações, ficar se coçando até que a pele se fira;
↪ autodesprezo e abandono de hábitos de higiene;
↪ influenciar negativamente a produtividade nas aulas, boicotando o rendimento dos demais;
↪ cortar a passagem de um professor ou esbarrar nos outros e achar engraçado;
↪ depredar a escola;
↪ estar sempre com sono nas aulas;
↪ comer demais;
↪ não comer o suficiente;
↪ portar objetos ameaçadores, independentemente de usá-los ou não;
↪ bater com força nos demais e sem mostrar remorso quando repreendido;
↪ isolar-se em um canto;
↪ fazer de tudo para chamar a atenção.

Há diversas formas de manifestar esse estado triste de retraimento emocional e comportamental. Essas crianças e jovens parecem não ter sentimentos, nem boa vontade para colaborar e se enquadrar, mas na verdade tiveram de internalizar o que sentem, trancar o coração e se trancar em si mesmos, numa dor terrível.

Se na sua própria casa não se sentiram validados, olhados, dignos de amor, então por que amar algo? Por que se importar com os demais se ninguém se importa com eles? Para que ir bem na escola se ninguém se importa com isso?

Quando se diz que "a criança não tem jeito", que "a menina é uma vagabunda", que "fulano é um garoto problema", é bom lembrar que eles não nasceram assim, mas aprenderam a ser assim. E mais: esse aluno desinteressado, que atormenta, esse ser que dá tanto problema, foi formado por que corpo de professores? Ele é aluno de quem, oras? Quem o educou durante esses anos todos para que se tornasse assim? Quantos não o observaram esse tempo todo? Onde estavam os adultos maduros e maravilhosos o tempo todo de sua formação, antes de a bomba estourar?

Este ser rebelde nasceu assim ou tornou-se o que é também por coisas que viveu no lar? Como é fácil culpar a parte mais indefesa por relações mal construídas...

As relações familiares e escolares são formadoras de modelos nos quais as crianças vão se espelhar, as "fôrmas" das emoções, dos pensamentos e dos sentimentos mais essenciais. Desse espelhamento resultam as atitudes perante si mesmas e o mundo, inclusive na escola. Claro que não somos dependentes do meio ambiente em que crescemos, mas ele faz uma enorme diferença.

# POR QUE SE FRACASSA NA ESCOLA

**PROJETO DE VIDA** e **ESCOLHA PROFISSIONAL...** na prática

*FRACASSAR CONTINUAMENTE NA ESCOLA* é negativo para a carreira. Em empresas multinacionais, a concorrência pode chegar a 2 mil candidatos para cada vaga. Concursos públicos não são menos puxados e, de cada 10 empresas abertas, 6 fecham nos primeiros anos.

A falta de mão de obra qualificada é um problema grave para 54% das empresas em 39 países: uma em cada três delas tem grande dificuldade de encontrar talentos. Entre as empresas brasileiras, o problema é ainda maior: 57% delas sentem que é duro encontrar gente com brilho nos olhos e que faça a diferença.

Cultivar o hábito do estudo e o desejo de se superar ajuda a formar a mentalidade de busca do aperfeiçoamento de competências – o que o mercado de trabalho mais espera de seu filho. Essa pode ser a diferença entre estar bem colocado ou ficar reclamando da falta de trabalho.

Fonte: Rádio Band News, maio/2010

*Na família A, a filha de 16 anos que cursa o segundo ano do ensino médio quer prestar vestibular para Medicina em universidades públicas, mas é uma aluna que possui notas medianas. Seus pais, para evitar que ela se frustre, já alertaram-na de que é melhor ela fazer o curso de Enfermagem, que pode não ser tão concorrido quanto o de Medicina. Eles disseram para ela que ser enfermeira já está de bom tamanho para suas reais capacidades. Quando percebem que a filha está diante de alguma dificuldade, tratam logo de resolvê-la para ela ou desencorajá-la a solucionar suas questões. Com frequência dizem coisas como: "Mas a gente não esperava mesmo muito de você".*

# Que TIPO de família é a SUA?

*Na família B, a filha de 16 anos que cursa o segundo ano do ensino médio quer prestar vestibular para Medicina em universidades públicas, mas é uma aluna que possui notas medianas. Seus pais já sinalizaram que é importante que ela se matricule em algum cursinho intensivo para melhorar seu desempenho. Além disso, sabem que, se ela não passar na primeira tentativa, pode se dedicar com afinco por mais um ano e tentar novamente. Eles sentaram-se com ela e a ajudaram a montar um planejamento semanal de estudos, além de se prontificarem a se revezar na tarefa de ajudá-la nas primeiras semanas a cumprir suas metas.*

 s alunos podem fracassar na escola por diversos motivos. Quando falta afeto, dificilmente consegue-se um bom rendimento cognitivo, pois para aprender é preciso motivação, desejo de crescer e um sistema de apoio, encorajamento e motivação constante. São estas as faltas que podem afetar negativamente o aprendizado:

↪ falta de motivação para aprender;
↪ falta de orientação sobre como prosseguir nos estudos;
↪ falta de prontidão ou impossibilidade de assimilar certos conteúdos naquela idade;
↪ falta de apoio personalizado ou incapacidade de aprender como se é ensinado;
↪ falta de segurança — não se sentem seguros para ultrapassar limites pessoais e crescer;

> ⤳ falta de visibilidade — o baixo rendimento serve para chamar a atenção de seus pais;
>
> ⤳ falta de autoestima — o baixo rendimento é uma forma de atacar os pais.

Outra paciente, **JÚNIA, COM SEUS 17 ANOS,** me dizia com alguma constância quando tirava notas ruins ou deixava de fazer sua dieta (que para sua mãe era muito importante): "Sim, Leo, eu sofro, mas e daí? Ao menos eu consigo fazer minha mãe sofrer também. Eu caio, mas ela vai junto. Ela não me enxerga, não está 'nem aí', então só assim mesmo para ela se tocar. Eu não me importo, porque não sinto nada dentro de mim". Como doía ouvir isso.

Mas, afinal, o que pode levar os pais a se afastarem? O que causa esse distanciamento, uma vez que é tão reconhecida a importância da participação da família na educação? Qual é o papel da própria escola frente a esse afastamento? São algumas perguntas que buscaremos responder no próximo capítulo.

# FATORES IMPLICADOS NO DISTANCIAMENTO CASA–ESCOLA

**PROJETO DE VIDA** e **ESCOLHA PROFISSIONAL...** na prática

*ASSIM COMO* há novos arranjos familiares hoje em dia, o mercado de trabalho também possibilita diferentes formas de se trabalhar. Além da empregabilidade (capacidade de atrair oportunidades de bons empregos) seu filho deve ser treinado a desenvolver sua "trabalhabilidade" (competências para trabalhar bem).

Não dá para saber (logo na saída da escola) se um filho irá preferir realmente ser um profissional de uma grande empresa, ter seu negócio próprio, ter uma carreira pública, trabalhar em parceria com colegas, ou ser um prestador de serviços. Saber vem de sabor, ou *sapore*, em latim. Muitas das nossas preferências são confirmadas ao senti-las, ao viver na prática aquilo que escolhemos. Nada precisa ser tão definitivo assim, especialmente na adolescência.

*Um casal jovem A tem um filho pequeno. Aos fins de semana, eles gostam de aproveitar para descansar, sair para dançar, jantar fora e ficar juntos, apenas os dois. Como os pais da mãe moram perto de sua casa, eles deixam o filho todos os fins de semana com os avós. Para estes, seu papel é mimar e "estragar o netinho", deixando-o fazer e ter de tudo. Quando o filho volta para casa, frequentemente reclama dos limites e ameaça que quer ir morar com os avós quando é contrariado. Os pais se sentem culpados, irritados e enfraquecidos.*

# Que **TIPO** de **família** é a **SUA?**

*Um casal jovem B tem um filho pequeno. Aos fins de semana eles gostam de aproveitar para descansar, sair para dançar, jantar fora e ficar juntos. Eventualmente deixam o filho com os pais da mulher e outras vezes, com os pais do marido. De tempos em tempos eles se sentam todos juntos para debater quais valores querem passar para os netos e como alinhar as atitudes de todos, de forma a manter uma aliança fortalecida entre os membros daquela família. Naqueles lares, há um entendimento de que todos devem ser parceiros na tarefa de formar os filhos.*

uitos fatores são alegados para explicar o distanciamento entre a casa e a escola, por ambas as partes. Grande parte desses fatores pode ser considerada como racionalizações ou explicações superficiais, pois nenhum deles reflete realmente uma impossibilidade efetiva de interação.

## Falta de orientação aos pais

Muitas vezes os pais são mal orientados por parte das escolas sobre qual seria a melhor forma de interagir. Sem dúvida, existem pais interessados em participar da educação de seus filhos, mas eles em geral dizem não receber a orientação adequada.

Muitas escolas provavelmente não têm claro para si mesmas qual deveria ser a parcela de responsabilidade dos pais, para orientá-los, e os educadores ficam magoados quando os pais não

MEU FILHO CHEGOU À ADOLESCÊNCIA, E AGORA?

comparecem aos eventos que eles promovem, sem buscar compreender as causas mais profundas desse afastamento.

## O passado que contamina

Os pais, muitas vezes, até desejam estar mais presentes, mas não sabem como puxar conversa com seus filhos, sobre o que falar, como se aproximar, como quebrar o gelo. Isso acontece por terem tido dificuldades ou um grande distanciamento no relacionamento com seus próprios pais, os avós dos adolescentes de hoje.

Sem referências positivas, ou sem saberem como fazer para criar um clima bom, como conversar ou como se relacionar com os jovens, diversos pais apostam no fato de que os filhos sabem que eles os amam e que entenderão seu distanciamento. Assim, sofrem todos: os filhos, que sentem que não têm valor, e os pais, que se sentem fracassados em seu papel ou até culpados por intuírem que algo está errado, mas não têm ideia de como começar a mudar.

Claro que há filhos que, em função dessa carência, procuram vínculos melhores com outros adultos significativos, ou figuras amorosas satisfatórias, mas nem todos conseguem encontrar isso. Além do mais, como se sentiram abandonados em casa, podem aceitar qualquer migalha amorosa de outras pessoas, pois é este o padrão a que estavam acostumados.

## Falta de tempo

Muitos pais, com sua estima abalada pelas incessantes cobranças de mais e mais consumismo, pensam estar sendo excelentes pais por

# FATORES IMPLICADOS NO DISTANCIAMENTO CASA-ESCOLA

"não deixarem faltar nada em casa", e assim faltam com sua importante presença. Sobram alimentos e roupas de grife, mas faltam a presença e a intimidade. A jornada de trabalho tem aumentado bastante para muitas famílias. Hoje em dia, ambos os pais trabalham cada vez mais intensamente para manter um padrão de vida cada vez mais exigente.

Não é raro encontrar pais que têm jornada dupla, ou mesmo tripla de trabalho, para poderem oferecer um bom nível de vida a suas famílias. Mais do que dinheiro, é bom saber que os filhos desejam que seus pais invistam tempo e afeto neles.

Segundo importantes estudos desenvolvidos pelo sociólogo Richard Sennett, e citados no livro *A cultura do novo capitalismo*, na década de 1980, era comum que em uma grande empresa existissem 14 cargos entre o presidente e um estagiário. Hoje, essa distância é de seis cargos apenas. Isso faz com que todos trabalhem muito mais, sintam-se inseguros e partilhem uma insatisfação generalizada, pois nunca é o bastante. Também há o medo de perder espaço no mercado para as gerações mais jovens, cheias de energia, de pique e de vontade de vencer rapidamente.

Some-se a isso toda uma oferta de bens e serviços que prometem afeto e contato com um mundo feliz, tais como cursos, massagens, comidas, bebidas, aparelhos eletrônicos, viagens de experiências. Tudo em nome de boas sensações afetivas que são cada dia mais raras nas famílias. As empresas terceirizaram o afeto.

Quais são as lembranças mais fortes que uma pessoa leva de sua família? O presente caro? A bolsa de grife? Não. Se perguntarmos a muitas pessoas, a resposta tenderá a variar pouco: as lembranças que mais guardamos no coração são dos momentos passados junto a entes queridos, conversas significativas, ocasiões em que se riu, se olhou nos olhos, se brigou, se trocou ideias. Lembramos muito

## Mudanças no núcleo familiar e o automatismo cego

No modelo familiar tradicional, no qual estavam presentes o pai, a mãe e os filhos, todos morando na mesma casa, com regras conhecidas por todos e um sistema de valores estável e claro, talvez fosse mais fácil delimitar rotinas familiares, para o acompanhamento dos estudos dos filhos ou de outras tarefas, rotinas e atribuições da casa.

Até pouco tempo atrás, o papel dos pais era bem claro e definido. Ao pai competia trabalhar e garantir o sustento da família e à mãe cabia a tarefa de cuidar e educar.

O que ocorreu de alguns anos para cá? Grandes questionamentos, novas identidades para o homem e para a mulher, muitas separações, uma forte emancipação no mercado de trabalho e maior busca por independência, especialmente por parte da mulher.

Diante dessas mudanças, criou-se um vácuo, um espaço indefinido entre a organização anterior e uma nova, ainda por se definir. Nesse espaço, os filhos são muitas vezes deixados de lado, pois os próprios pais encontram agora dificuldades de entrosamento entre si.

Ninguém mais sabe como agir, tudo fica relativizado e, assim, o caminho do mais fácil parece sempre a melhor escolha: deixar comprar tudo, não exigir muito (ou exigir demais), deixar que a escola cuide, dar bronca o tempo todo.

Isso explica um número tão alto de pais permissivos, autoritários ou negligentes, pois essas posturas não exigem tanta reflexão quanto a dos pais participativos, que precisam se reunir para decidir as coisas, que encaram os conflitos, que buscam ajuda. A SuperNanny (personagem de uma série de TV que é chamada por pais desesperados por ensinar a impor disciplina aos filhos) torna-se figura desejada nas casas de todos, pois ela tem resposta pronta para tudo. Não é raro eu mesmo ouvir após uma palestra: "Ai, Leo, queria te levar lá para casa". "Leve as minhas ideias, leve a minha proposta de pensar mais, de sentir mais, de amar mais e de sair do automatismo. Assim, naturalmente eu estarei lá com você." É o que eu digo sempre.

O que se vê cada vez mais é um automatismo que pretende que as coisas se resolvam por si mesmas. Só que, como sabemos, as coisas não se resolvem sozinhas.

## Mudanças no núcleo familiar: divórcios

Nas famílias com pais divorciados, as tarefas, rotinas e atribuições relacionadas à criação e educação dos filhos podem ficar ainda mais complexas. O crescente número de divórcios é um fator que pode gerar ainda mais dificuldades na relação casa-escola. Para esses pais, o fato de se encontrarem, ainda que com o intuito de cuidarem dos filhos, pode lhes trazer muita dor, e esta é uma experiência que muitos preferem evitar.

Isso sem falar dos casos em que a omissão em reuniões, a negação do dinheiro para as necessidades dos filhos e o descuido para com estes serve como forma de agressão indireta ao(à) antigo(a) parceiro(a). Ao tentar agredir o(a) ex, quem mais sente a pancada são os filhos.

Pedir a pais sobrecarregados pelo estresse da separação e com tão pouco tempo livre (agora que têm de reconstruir sua vida e suas rotinas)

MEU FILHO CHEGOU À ADOLESCÊNCIA, E AGORA?

para participarem da educação dos filhos pode parecer inapropriado, por isso muitas vezes as escolas não os orientam adequadamente. Como ir à escola geralmente resulta em cobranças financeiras ou de mais presença, é comum que muitos desses pais evitem participar. Eles recebem convites para reuniões, palestras e atividades, mas nem os abrem, fingem que não é com eles, deixam para depois ou pensam que a outra parte (o outro, a outra, os avós, a escola) é que deve cuidar disso.

Não existe ex-filho ou ex-filha. Os pais, em geral, reconstroem sua vida amorosa e até financeira, ou seja, de uma forma ou de outra os adultos dão conta das mudanças. O peso fica nas costas dos filhos, que muitas vezes sentem que foram os causadores do divórcio dos pais. Isso se dá por alguns motivos. O primeiro é explícito: há pais que fazem terrorismo e dizem aos filhos que sim, que foram eles os causadores do distanciamento do casal. Ora, quanta maldade!

Filhos não aproximam nem distanciam um casal. Aliás, a maneira como um casal lida com os filhos — no casamento ou depois que este acaba — diz muito mais sobre o caráter e a índole dos próprios pais do que sobre os filhos. Há casais que se unem quando têm um filho com uma doença grave, enquanto outros se afastam tendo filhos plenamente sadios e com notas boas na escola.

Filho algum é responsável pela vida conjugal dos pais. O único atenuante a alguns pais que possam acreditar que foram os filhos que distanciaram o casal é que não é infrequente que, com o passar dos anos e o crescimento dos filhos, o casal se distancie. Mas uma coisa não tem relação direta com a outra. Como explicar os casais que se aproximam com a idade? Que se tornam mais companheiros com o passar do tempo? Pura sorte? Ou eles fizeram algo por si e pela relação?

Se os filhos ficaram caros demais de sustentar, quem desenhou o modelo no qual eles podem tudo? Se os filhos se tornaram

## FATORES IMPLICADOS NO DISTANCIAMENTO CASA-ESCOLA

desrespeitosos e agressivos, são filhos de quem? Quem os criou? Se houve divergências crescentes na maneira como o pai queria educar e como a mãe acreditava ser certo, quem é que não foi procurar um terapeuta para ajudar a diluir os conflitos? A criança ou os pais? Esses filhos, que hoje parecem dar tanto problema, nasceram assim? Ou se tornaram assim, difíceis, por uma história toda que os fez sofrer mais do que tudo?

O segundo motivo pelo qual os filhos tendem a se sentir responsáveis pela separação é interno, diz respeito ao modo como a criança pensa: quando somos pequenos, achamos que o mundo gira em torno de nós. Se precisamos de algo, não hesitamos em gritar mais alto do que uma britadeira (sim, o choro de uma criança é mais alto) para nos acudirem.

Quando precisamos de colo, quando estamos com fome, ao sentirmos uma assadura ou um desconforto, nossas necessidades básicas são prontamente atendidas quando choramos, especialmente quando somos pequenos.

Assim, nosso cérebro associa que temos o controle dos demais. Basta chorar ou espernear (ou as duas coisas combinadas) e somos atendidos. Após diversos anos com esse perfil, nosso cérebro entende que o mundo gira em torno de nós. Diante de famílias permissivas, esse padrão não muda nunca. Pais amiguinhos reforçam isso a vida inteira, como se dissessem: "Filha, você tem o controle remoto da minha vida nas mãos". Fico estarrecido quando vejo mães de 40 anos contando, e rindo, que seus filhos mandam nelas. Parece engraçado, mas isso denota tragédias iminentes.

O terceiro motivo para a criança achar que é responsável pela má situação dos pais é que temos de acreditar que nossos pais são pessoas boas por natureza. Seria desastroso para o cérebro crer que aqueles que nos alimentam, nos vestem e cuidam de nós possam ser

MEU FILHO CHEGOU À ADOLESCÊNCIA, E AGORA?

pessoas imperfeitas. Assim, acreditamos que nossos pais são perfeitos, seguros e fortes. Dentro dessa lógica, se eles erraram, foi por nossa causa. Além de restabelecer o senso de coerência de que falei há pouco — manter a ideia de que nossos cuidadores são bons—, isso garante outra coisa muito importante: a ideia de que temos algum controle sobre o mundo que acaba de desabar.

Acreditar que temos controle sobre a nossa vida é uma das maiores necessidades humanas. Você lê este livro pois acredita que em algum sentido ele terá valor. Come o que come e onde come pois acredita que isso lhe fará bem. Usa o carro que usa com a ideia de que ele lhe levará com segurança aonde precisa ir. E por aí vai. Precisamos acreditar que temos controle sobre nossas vidas para atender ao nosso instinto de sobrevivência. Sabendo das consequências de nossos atos, podemos prever como nos manteremos vivos.

Uma das percepções mais difíceis de serem alcançadas na vida e possivelmente um dos maiores trunfos da maturidade é entender que nem tudo depende de nós. Então, se nossos pais se separam, é mais econômico ao cérebro pensar que, sim, podemos fazer algo a respeito. Assim, a criança tende a se culpar e, com alguma frequência, a se punir: deixa de comer, se isola dos amigos, não faz suas lições de casa, não quer tomar banho, não escova mais os dentes. Nem sempre é manha. Pode ser a manifestação desse desamor por si, por acreditar que fez algo terrível: causou a separação dos seus pais e a dissolução da sua preciosa família.

Para tornar a questão ainda mais delicada, quando o casal se separa, a competição pelo amor dos pais, ou seja, o ciúme natural entre os irmãos, tende a ficar ainda mais evidente. Assim, as naturais disputas por território, as provocações, as rivalidades, tudo isso fica ainda mais difícil de lidar quando, além de perder os pais, a criança ainda tem de se despedir do convívio constante com o irmão. O amor entre irmãos é um dos fenômenos menos estudados, porém mais intensos de nossa vida.

Quando, na separação, os pais deixam ainda mais clara a preferência por um dos filhos, acontece um rasgo no coração do filho, que fica isolado em si mesmo, perdido. Afinal, não somos nós sem que sejamos também um tanto de todos com quem convivemos. Ter de se afastar, ou ter de brigar com uma parte de mim, só pode me fazer adoecer, me enfraquecer e me tornar uma pessoa menos feliz do que poderia ser.

Por todos esses motivos, as escolas precisam aprender a orientar os pais, a fim de que não deixem de acompanhar a vida escolar de seus filhos. Sim, isso gera uma demanda maior para a instituição escolar, pois, provavelmente, em vez de uma reunião de orientação ao casal, terá de fazer uma reunião com cada um dos pais. Em vez de uma carta informativa, terá de enviar duas. Em vez de debater as situações com um casal alinhado, deverá lidar com mediação de conflitos, o que dá muito mais trabalho. Mas precisa ser feito.

A escola que apostar em oferecer um sistema de apoio para suas famílias só terá a ganhar. Diante de separações, em geral, os pais tendem a se afastar, mas mantê-los afastados só gera um perde-perde generalizado: perde a criança, perdem os próprios pais, perdem os professores, que convivem com crianças menos estruturadas, e perde a escola, que deixa de ajudar e aprender com essa família.

Obviamente, nem todos os pais separados se atacam, e nem todos os filhos de pais separados têm problemas. Há casais que são maduros e conduzem sua separação de forma civilizada e cuidadosa. É justamente com esses pais, que funcionam bem em paralelo, que as escolas podem e devem aprender, até para orientar outros pais menos preparados.

MEU FILHO CHEGOU À ADOLESCÊNCIA, E AGORA?

Ao dialogar com essas famílias, ao buscar conhecer esses novos arranjos de relações familiares, os educadores expandem seus referenciais e obtêm outras fontes de inspiração e orientação sobre o modo de se formar um lar. Quando estiverem diante de um casal em conflito constante, serão essas boas referências que ajudarão os professores a apontar um novo caminho a um casal cuja batalha atrapalha a vida emocional e, consequentemente, o desempenho escolar de uma criança.

É preciso aprender com os erros e com os acertos para se orientar uma família hoje cada vez mais perdida. Se os educadores não fizerem isso, quem o fará? E, se não for feito, do que se pode reclamar? Há ex-marido. Há ex-esposa. Não há ex-filho, nem ex-família. De alguma forma, aquela sempre será uma das famílias de cada um dos pais, seja qual for a maneira que se escolheu para conviver depois que o casal se separa.

## Mudanças no núcleo familiar: todo mundo quer ser jovem

No mundo digital, quando um assunto não nos interessa, é simples: basta digitar *del* e esquecer, sair da sala de bate-papo, fazer *log off*.

Na vida familiar nunca há *log off*, pois, mesmo que um pai ou uma mãe decida se separar, as questões ligadas aos filhos sempre terão algum tipo de interveniência em sua vida, a não ser que se tenha algum grau de sociopatia, no qual a indiferença ao outro seja real, o que certamente não é o seu caso. Sociopatas não compram livros sobre educação.

Sociopatia é uma doença mental que nos torna indiferentes às necessidades alheias, sinônimo de cinismo. Se apenas uma pequena

FATORES IMPLICADOS NO DISTANCIAMENTO CASA-ESCOLA

parcela da população de pais é efetivamente cínica, por outro lado, há muitos pais que parecem não querer (ou não conseguir) ver que eles têm um papel a zelar enquanto adultos da história. Fico espantado com o número de aparelhos, cremes e técnicas que nos são oferecidos hoje para retardar ou inibir os efeitos do envelhecimento. Nossa sociedade detesta a palavra "velho". Preferimos as expressões "idade de ouro", "melhor idade" e tantos outros eufemismos, tudo menos ser velho. Faz-se de tudo, gasta-se de tudo e recorre-se a tudo para evitar a passagem do tempo. Todos querem ser jovens. Sempre. De manhã, de tarde, e mais ainda, de noite.

Em vez de os filhos imitarem os pais, admirarem seu estilo de vida, como acontecia tempos atrás, hoje são os pais que desejam os programas, o corpo, as roupas e o estilo de vida dos filhos. É mais divertido, é mais gostoso, é mais leve e mais fácil. Mas tudo na vida tem seu preço.

Se antes eram os filhos que esperavam pelo direito de ganhar um presente em determinada época do ano (lembra da propaganda da Caloi?), hoje cada ida à locadora vira uma presentinho a ser levado para casa, ou cada ida ao McDonald's ou supermercado significa uma oportunidade de se ganhar algo. Se antes tinha-se um álbum de figurinhas, hoje tem-se muitos, e ao mesmo tempo.

Como vimos, esse padrão de ganhar tudo, na hora que quiser e sempre que pedir, vicia a criança e o adolescente em uma crença de vida de que são credoras ("o mundo me deve, porque eu quero e agora!") e assim eles não desenvolvem o desejo de buscar, de estudar e de empreender.

Não é raro encontrar, em muitas famílias, jovens com 25, 30 anos, sem vontade de nada, sem desejo de estudar, de trabalhar ou de fazer algo de suas vidas. Uma apatia aprendida após anos de treinamento. Esses filhos se mantêm dependentes dos pais às vezes por uma vida inteira. Isso sem falar de outras dependências, ainda piores, para aplacar o vazio de uma vida sem projeto. Se pegarmos a estrada que leva ao Ceará, não chegaremos ao Rio Grande do Sul. É preciso algum alinhamento entre o que se quer (um filho maduro e preparado para a vida) e as condições para que isso ocorra (que ele tenha de se dedicar a suas metas).

Se os pais excluem da rotina diária comportamentos, atitudes e palavras do mundo dos adultos, podem acabar perdendo a confiança dos filhos e a autoridade perante eles. Se um pai se veste, fala, conversa e argumenta exatamente no mesmo tom dos amiguinhos dos filhos, como pode esperar que estes lhe deem o devido respeito?

Isso se mostra na fala de uma paciente, **$S$ONIA, DE 14 ANOS:** "Minha mãe, desde que meu pai saiu de casa, só quer saber de ficar com o primeiro cara rico que ela vê pela frente, e eu não sei o que é pior, quando ela namora e me larga, ou quando ela fica sozinha, chorando por se achar velha e me pedindo conselho sobre como arrumar um gatinho".

Ou na fala de **$P$AULO, UM JOVEM DE 17 ANOS:** "Meu pai sempre falou mal da minha mãe para mim, que ela era uma megera, que só queria o dinheiro dele, que só sabia procurá-lo para isso. Agora que ele está namorando, quer que eu vá morar com ela. De repente ela ficou legal?".

O que me espanta é o número altíssimo de adultos que agem com a mais pura inveja dos filhos e querem se vestir como eles, ir às suas baladas, ficar com pessoas da idade dos filhos. Há, sim, uma grande diferença entre ter espírito jovem e se portar inadequadamente.

FATORES IMPLICADOS NO DISTANCIAMENTO CASA-ESCOLA

Uma mãe divorciada tem todo o direito do mundo de querer namorar de novo, mas não tem o direito de esquecer que é mãe, e não amiguinha da filha, para lhe pedir conselho sobre qual lingerie vestir para o namorado ou como provocar ciúme nele. É claro que a filha vai querer ajudar, pois num primeiro momento pode parecer muito bacana ter uma mãe-amiguinha. Mas quando essa mesma filha tiver um problema real, a quem irá recorrer?

## Mudanças no núcleo familiar: pais sem limites e a omelete de papéis

Como vemos, hoje em dia, já não se pode dizer que são os filhos que não têm mais limites. Estamos no tempo dos pais sem limites. Não se pode mais dizer que são características da geração Y a impulsividade, a inquietação, a tendência a serem multitarefa e a quererem ter e fazer tudo ao mesmo tempo. Em certo sentido, todos estamos vivendo nesse padrão e temos uma enorme dificuldade de aceitar e manter vínculos estáveis e estruturados.

Um dos maiores estudiosos do tema, o sociólogo polonês Zygmund Baumann, afirma que estamos diante de uma era cada vez mais volátil, instável e incerta. O autor aponta que as nossas verdades estão sendo revistas e as nossas identidades, todas, questionadas. O que é certo? Qual é o papel da mulher? O que é ser jovem? O que é mais adequado ao se educar um filho? Tudo vira alvo de análise e nada mais é tido como certo.

As instituições que nos davam certa segurança, como a família, a religião e o Estado, não nos garantem nem nos orientam mais. Sentimo-nos mais livres, mas também ameaçados, pois podemos perder o emprego, os relacionamentos, os amigos a qualquer momento. Estamos todos a uma tecla **del** uns dos outros. Basta nos deletarem da rede social ou nos mandarem um SMS que estaremos desempregados ou fora de uma relação.

Diante de tanta instabilidade e falta de referenciais seguros, todos queremos ter os benefícios de bons relacionamentos, mas sem perder o direito à nossa individualidade. Para Baumann, ninguém mais quer pagar o preço da intimidade. Esta ficou associada à perda e, por isso, para muitos pais, educar pode parecer apenas sacrificante e não gratificante. Afinal, educar é doar-se e de alguma forma perder algo de sua liberdade.

Como não dá para voltar atrás, o que os pais fazem é deixar de lado, no abandono. Se antes era bacana ser descolado, agora a onda é ser destacado. Destacar-se pode estar associado, para muitos, a ser indiferente.

Vejamos como isso se processa nas famílias: em vez de arroz e feijão (alimentos que levam mais tempo para preparar), as mães compram cada vez mais comida pronta, pois é mais fácil de fazer.

Em vez de academia e acompanhamento nutricional, promete-se a lipo. Em vez de olhar o caderno, pergunta-se para o filho como estão as lições e ele diz: "Tá tudo bem", e fica por isso mesmo.

Lembro-me sempre do depoimento de um executivo: "Leo, eu trabalho 12 horas por dia, chego em casa tarde, e no pouco tempo que tenho com meus filhos não quero dar bronca, quero aproveitar e curtir com eles". O que ele não percebia é que dar bronca, olhar caderno, ler para o filho, tomar a lição, tratar das questões da escola são formas de amar, são um jeito de deixar claro para o filho que ele se importa. Como sempre nos ensina o Dr. Içami Tiba: "Quem ama, educa", e educar é se importar com as pequenas coisas do dia a dia. Não é uma ideia e sim um conjunto de ações bem concretas.

Quando o executivo entendeu que ser pai era ajudar a cuidar do que o filho precisava fazer, muita coisa mudou. No trabalho já

## FATORES IMPLICADOS NO DISTANCIAMENTO CASA-ESCOLA

valia esta regra: não se faz o que se quer e sim o que se precisa fazer. A questão agora seria aplicar a mesma ideologia que fazia as coisas funcionarem na empresa à sua família. Educar leva tempo. Mas não educar leva a prejuízos por mais tempo ainda. Milan Kundera, em seu livro *A lentidão*, descreve uma importante imagem sobre o tempo. Ele diz que, quando queremos apreciar uma comida, uma boa bebida, um momento gostoso no qual contemplamos a natureza, paramos, olhamos, curtimos o momento. Quando estamos perdidos, ou quando estamos diante de um cenário feio e ameaçador, tendemos a acelerar.

O que vemos são muitos pais querendo acelerar o crescimento dos filhos para retardar a própria juventude perdida. Quanto mais eles se iludirem achando que seus filhos se cuidarão por si, quanto mais pensarem que os filhos encontrarão um jeito de se virar, quanto mais se enganarem pensando que sua omissão não trará prejuízos, dor e problemas, mais estarão se afastando de uma vida sadia para si mesmos e mais afastarão seus filhos da possibilidade de terem, eles mesmos, mais adiante, uma família.

Diversas pesquisas mostram que hoje a vontade de construir uma família é adiada para mais tarde: depois da estabilidade financeira, depois da segurança profissional, depois de viver muitas experiências, ou seja, depois dos 30 anos.

Muitas moças que não se casam e tornam-se cínicas (indiferentes) depois dos 30 anos encontram uma série de homens também cínicos pela frente, com os quais terão alguns momentos de sexo intenso, amizade e experiências bastante variadas, mas poucas chances de vínculos sadios e seguros para constituir uma família.

Nessa omelete atual de papéis, nem se pode dizer que eles foram invertidos, e sim que se misturaram. Há pais que, em nome de serem modernos, liberais, próximos, fazem dos ouvidos dos filhos o seu "penico", literalmente. Acreditando que todos devem ficar a par da "realidade", pais separados jogam na cara dos filhos os piores aspectos do ex-cônjuge, em um ato que é comparável, em minha opinião, ao crime de assédio moral. Falar mal do ex-parceiro gera constrangimento constante aos filhos, sem que estes tenham como se defender. Isso é colocar os filhos em angústia.

Veja a seguir quais podem ser as consequências de tentar transformar o filho em um "confidente", fazendo dele o repositório de seus problemas, em vez de procurar um tratamento psicológico adequado. Imagine uma mulher que, durante a adolescência do filho, reclame o tempo todo do marido, o pai dele. Este filho poderá:

- acreditar que isso é coisa de mulher e evitar intimidades com outras mulheres;
- pensar que isso é coisa de homem, pois é assim que seu modelo masculino agiu e poderá se dar o direito de abusar física ou emocionalmente de outras mulheres;
- ficar com raiva da mãe e, ao se afastar dela, sentir-se só e desamparado;
- ficar com raiva do pai e entrar em atrito com ele, tomando para si todas as disputas que a mãe não levou a termo;
- afastar-se do pai e com isso perder seu afeto, seu colo e seu apoio emocional;
- ficar com raiva da mãe por ela não ter se colocado, não ter lutado por seus direitos perante o marido;
- ficar com uma péssima impressão do casamento;
- ter um péssimo modelo de como lidar com as diferenças e isso contaminar suas amizades e, mais tarde, sua rede de relacionamentos.

Quer mais ou basta?

## FATORES IMPLICADOS NO DISTANCIAMENTO CASA-ESCOLA

Claro que o jovem pode também procurar uma terapia e entender que tudo isso não é problema seu.

Vejamos agora uma situação na qual a mãe foi traída e transformou sua filha em confidente. Estas são algumas das possíveis consequências:

↪ a filha acredita que isso é coisa de mulher e poderá aceitar ser maltratada em suas relações com os homens;

↪ pode dar o troco pela mãe, traindo o pai: roubar dinheiro dele, passar informações da vida dele para ela, retaliar de diversos modos;

↪ pode assumir o papel de vítima e se fazer de coitada, atraindo homens que a tratem como filha e que não a respeitem como mulher;

↪ pode fazer o contrário, se fechar e ficar no controle, sem jamais se entregar ao amor, para não passar pelo que a mãe passou;

↪ pode ficar com uma péssima impressão do casamento;

↪ ter um péssimo modelo de como lidar com as diferenças e isso contaminar suas amizades e, mais tarde, sua rede de relacionamentos.

Quer mais ou basta?

Claro que a filha também pode procurar uma psicoterapia e entender que tudo isso não é problema seu.

Diante de um divórcio, todos perdem. Todo sofrem. É inevitável. Mesmo nas situações em que seja consenso que o casal deva tomar um novo rumo, há sofrimento, decepção, sensação de derrota. O mínimo que os pais têm de fazer é prover apoio psicológico para os filhos e contratar um mediador para ajudá-los a estabelecer novas regras para esta nova fase. Ainda que estejam separados na conjugalidade, estarão unidos para sempre na parentalidade. Três meses de tratamento semanal para o casal poder constituir novas regras podem evitar anos de estresse e dores profundas na alma dos filhos.

## Mudanças no núcleo familiar: produção independente, pais homossexuais, avós que cuidam

Até o momento não se encontraram evidências mostrando que casais heterossexuais sejam mais eficazes na educação dos filhos do que os homossexuais.

Já se sabe também que apenas cerca de 5% das espécies animais são heterossexuais, portanto a homossexualidade não é uma "anormalidade", e sim uma das formas de nos manifestarmos, simplesmente.

Diante da enorme dificuldade de se encontrar um parceiro compatível, por terem se ocupado com a carreira em primeiro lugar, ou porque o primeiro casamento não resultou em filhos, muitas mulheres estão optando pela adoção ou pela produção independente. Isso é cada vez mais aceito também.

E já não é mais incomum ver pessoas descasadas deixando os filhos com seus pais, para reconstruírem a sua vida amorosa, social, profissional, ou tudo isso. Os pais, leia-se os avós, já com certa idade e com alguma estrutura financeira, acabam aceitando, seja para aplacar a sua solidão, seja para se sentirem úteis e preencherem seu vazio, ou mesmo para terem de novo a sensação reconfortante de fazer toda a diferença na vida de alguém amado.

Em reuniões de pais e mestres, é cada vez mais comum ver os avós assumindo as tarefas de acompanhamento escolar, ou pais

## FATORES IMPLICADOS NO DISTANCIAMENTO CASA-ESCOLA

homossexuais de mãos dadas, ou a mãe que declara abertamente que é mãe e pai da criança.

Nenhum dos tipos de situações descritos acima, apesar de serem diferentes do perfil conhecido, deve ser descartado ou considerado anormal hoje em dia. É melhor a criança ter um avô amoroso do que um pai abandonador. É bem melhor que uma mãe adote uma criança, do que se submeta a maus-tratos apenas para dar um pai ao seu filho. É muito melhor um casal de homens que se ame e se respeite dar um lar a uma criança do que um casal heterossexual que não partilhe desses sentimentos.

Chega de hipocrisia e saudosismo. É hora de avançar nos conceitos e entender do que uma criança precisa. E isso não tem necessariamente o nome de pai, de mãe, de tio, de tia. Nossa necessidade de afeto de qualidade é ancestral, muito anterior a esses nomes, e diversas sociedades antes da nossa encontraram formas sadias e inventivas de criar seus filhos fora do padrão tradicional.

Chega de culpa, chega do que se deveria ter. Salve os avós que acolhem! Salve os amigos que ajudam a criar uma forma alternativa de família que apoia e conforta! Salve os tios e tias que amparam!

Salve os bons vizinhos e a comunidade que se ajudam! Salve os pais que se permitem criar os filhos com amor! Salve os homossexuais que desejam dar um lar para crianças que precisam deles! Salve as mães que escolhem dar seu amor a uma criança mesmo sem ter um homem ao lado!

Para mim, o crime é o abandono. Há sociedades que criam os filhos em grupos, outras percebem as crianças como filhos da tribo toda e todos cuidam delas. Há lugares onde os homens é que educam na intimidade, e as mulheres cuidam da vida social. E tudo funciona quando há um acordo de apoio, onde há decência, dignidade e senso de pertencimento. Isso se chama família? Para mim, isso se chama ser gente para formar gente.

Em nome de um padrão idealizado, muitas pessoas aceitam todo tipo de humilhação para "não dar vexame". Ficam presas em casamentos humilhantes "para não destroçar o lar", "não perder o padrão de vida", "não envergonhar os filhos", "não magoar os filhos" e, sem perceber, os submetem a todo tipo de tortura psicológica e humilhações dolorosas.

O que uma criança precisa é de um lar, de adultos sadios, seguros e minimamente estáveis e consistentes em seu papel de cuidadores, que possam oferecer a ela alguma sensação de afetividade, conforto, segurança; de que ela é vista, sentida, reconhecida em seus esforços, cuidada por gente que a ama, considera e protege, além de servirem de inspiração para serem, eles mesmos (enquanto adultos), um dia superados.

Felizmente, para muitas pessoas, pais ou mães — sejam os progenitores biológicos ou não —, participar da educação escolar dos filhos é considerado um *status*, um tipo de "capital" ou "bem". Em vez de perceberem a formação familiar como um sacrifício, para essas pessoas é um ato sagrado. Para elas, o conhecimento é um bom caminho não apenas para se chegar ao êxito social e econômico, como também para a saúde e a felicidade. Esses pais e mães apreciam o sabor do saber.

Aprender a ler, a escrever, a pensar e a criar são habilidades que se aprendem na escola e se levam para toda a vida. Quem sabe pensar vive melhor. E quem vive bem colabora para que a vida de quem está ao seu lado também seja boa. Por isso, os pais participativos contribuem com toda a sociedade ao fazer a sua parte.

# PROFISSIONALIZANDO AS ATITUDES EM CASA: DO ESPONTANEÍSMO AO ALINHAMENTO DE PAPÉIS NA VIDA FAMILIAR

**PROJETO DE VIDA** e **ESCOLHA PROFISSIONAL...** na prática

*EM LUGAR DE PENSAR* diretamente no nome de uma profissão, experimente conhecer mais sobre seu filho. Pergunte para ele, e aproveite para também falar de você sobre as questões abaixo:

- O que você gostaria de fazer, se tivesse seu sustento garantido?
- Que tipos de temas, ou assuntos, você gostaria de aprender com profundidade?
- Se tivesse que escolher uma missão para si, o que faria para ter muito orgulho de si?
- Você gostaria de ser lembrado como uma pessoa que cuidou do quê?
- O que lhe traria um senso de aventura, de que sua vida tem sentido?
- Se confiasse totalmente em sua capacidade, o que preferiria fazer da sua vida?

*Na família A há irmãos gêmeos de 8 anos. Eles acabam brigando com certa frequência por disputarem alguns brinquedos, e um deles sempre acaba chorando até que alguém os separe. Seu pai, que trabalha o dia todo, chega em casa cansado e, quando vê os dois brigando, bate nos dois, sem se importar com quem começou a briga. Assim, ambos são castigados e evitam brigar da próxima vez.*

# Que TIPO de família é a SUA?

*Na família B convivem irmãos gêmeos de 8 anos. Eles acabam brigando com frequência por disputarem alguns brinquedos. Sempre que seu pai está presente, aparta a briga antes que alguém saia machucado e procura conversar sobre o ocorrido. O(s) responsável(is) é(são) orientado(s) sobre como agir numa próxima discussão e a pedir desculpas para o outro. Mesmo que a situação irrite demais o pai, ele se lembra que de nada adiantará pedir aos irmãos para não brigarem se ele mesmo não der o exemplo. Quando está muito irritado, o pai se acalma antes de intervir e, mesmo quando o faz, no máximo segura firme nos braços dos filhos e os olha nos olhos, mostrando autoridade sem ser agressivo.*

ue pais, honesta e conscientemente, se contentariam em fazer apenas o basicão pelos seus filhos? Será que algum pai ou mãe acredita que seus filhos merecem pouco de si? Provavelmente, poucos pais e mães assumiriam que seus filhos e sua família merecem apenas um pouco do seu amor, e que se dispõem a dar só um pouquinho de sua energia a eles.

Um dos maiores problemas dos nossos tempos, em que a liberdade e a felicidade parecem mais importantes do que os vínculos e aquilo que deixamos para o mundo, é que há muita aposta no espontaneísmo. Ideias como essas se veem em falas do tipo:

↪ "Eu faço o que penso ser bom";
↪ "Eu sei que isso não é bom, mas só desta vez não vai ter problema";

MEU FILHO CHEGOU À ADOLESCÊNCIA, E AGORA?

↳ "Todo mundo faz" (mas todo mundo pode estar errado);
↳ "Com meu filho, não vai ter problema" (como se houvesse um poder maior que protegesse exatamente este jovem e não os demais).

Quando se cria um filho sem planejamento, as chances de obter felicidade autêntica são as mesmas de se obter sucesso com uma empresa sem um bom plano de negócios. Pode ser que dê certo, mas as chances não compensam o risco.

Cada dia mais as pessoas buscam cursos de aperfeiçoamento profissional e estratégias para incrementar seus planos de negócio, mas, para formar sua família, uma obra no mínimo tão complexa quanto uma empresa, os pais não costumam dedicar muita atenção ao planejamento.

Assim, dão aos filhos e cônjuges o seu amor de forma intensa, mas muitas vezes sem direção, sem um projeto e sem saber como avaliar os resultados de seus esforços.

Em vez de separar a vida profissional da familiar, proponho um alinhamento das atitudes. Não é difícil ver uma pessoa passar horas a fio planejando uma reunião ou mesmo em uma conversa com o chefe da empresa, mas ter dificuldade de encontrar tempo e vontade para debater a relação familiar com o cônjuge, ou com os filhos, seus "sócios" na formação da família.

Se a família é importante, não adianta apenas sentir isso, é preciso demonstrar com atitudes reais e consistentes. O amor verdadeiro não se expressa apenas em palavras, e sim em atos. O amor é escrito no gelo, pois derrete a cada dia, para ser reescrito amanhã de novo. Amor é um hábito de cuidados constantes e não uma ação intensa e esparsa.

No mundo do trabalho, com frequência, as pessoas escolhem sua melhor roupa para visitar um cliente especial, mas podem acabar

## PROFISSIONALIZANDO AS ATITUDES EM CASA:
## DO ESPONTANEÍSMO AO ALINHAMENTO DE PAPÉIS NA VIDA FAMILIAR

se esquecendo de se cuidar para o marido ou a esposa, dentro de casa. Ao escrever isso, lembro-me de que eu mesmo reclamava com meu pai quando ele exigia que eu e minha irmã nos sentássemos à mesa vestidos adequadamente e em posição correta.

Eu, com meus 10 anos, o questionava: "Mas pai, pra que isso, só tem a gente aqui!". E ele, firme e amoroso, dizia: "Não tem ninguém mais importante do que as pessoas que estão nesta mesa e por isso mesmo a gente tem de mostrar o nosso melhor um para o outro. Além disso, educação é uma coisa que a gente tem de praticar dentro de casa. Se não fizermos isso, um dia lá fora você pode passar por um rapaz mal-educado e não vai lhe fazer bem. Vista a camisa e volte, se quiser comer".

Pergunte-me se eu entendia. Não. Pergunte-me se eu gostava. Não. Mas pergunte-me se isso ficou no meu coração. Sim, e como. Não me lembro de uma situação em que perdi algo por ter sido bem-educado e sei que isso já me abriu muitas portas.

Para uma reunião importante, acorda-se cedo, toma-se um banho demorado, mas quantos pais e mães dizem que não têm tempo de ver seus filhos pela manhã?

Esses pais apostam muito no mito de "passar um tempo de qualidade" com os filhos e racionalizam sua ausência querendo acreditar que ficar um pouquinho basta e que os filhos irão entender. Os filhos dizem que entendem, pois percebem que não adianta insistir e, para não ter conflito em casa, colocam um sorriso insincero no rosto. Como não há convívio, os pais acreditam que está tudo bem, pois desaprenderam a ler o olhar dos filhos. Mero engano.

Para se obter cumplicidade, aquela real sensação de conexão, é preciso tempo, energia, credibilidade.

É interessante (e triste) notar que, das 168 horas de uma semana, muitos pais não conseguem reservar uma hora sequer para

MEU FILHO CHEGOU À ADOLESCÊNCIA, E AGORA?

debaterem entre si como está a família, como está a vida do casal e o que esperam um do outro no lar.

Isso seria menos de 1% do tempo dedicado a planejar o que se deseja: viver bem dentro de casa, ter amor, formar pessoas de bem. Pensemos: isso seria equivalente a uma DRC – discussão da relação criativa, de 1,68 hora, ou cem minutos. Sua vida familiar merece isso? Você existe em sua agenda? Ou está ocupado demais com outras coisas mais importantes? Há outras coisas mais importantes? Se não encontra tempo para a família, tente dizer em voz alta: "Eu [*fale seu nome*] assumo que não tenho controle sobre minha vida e minha família não merece 1% do meu tempo". Consegue falar isso? Se não é a verdade, então é verdade que você pode estar mentindo para si mesmo.

Sem planejamento e sem dedicação, como esperar uma família unida e que o amor e o sucesso sejam possíveis para todos? Ninguém faz uma viagem sem planejar minimamente o caminho. Por que em casa deixar as coisas andarem por si mesmas, sem revisões periódicas sobre aonde e como se está indo?

Reuniões entre pais, entre pais e filhos e entre todos juntos são fundamentais, sejam estas formais, com hora marcada mesmo, seja no dia a dia, num hábito a ser intensificado por alguns e criado por outros.

Antigamente, o papel do pai, da mãe e dos filhos era mais demarcado. Hoje, com toda essa confusão de identidades, o que seria óbvio já não é mais. Sem diálogo continuado e sem algum planejamento do que se quer, há poucas chances de uma família viver bem apenas apostando no automático e baseada nos desejos e impulsos individuais.

Nessas reuniões, para aqueles que nunca tiveram o hábito de conversar, uma série de questões pode ser lançada. As pessoas podem falar:

## PROFISSIONALIZANDO AS ATITUDES EM CASA:
## DO ESPONTANEÍSMO AO ALINHAMENTO DE PAPÉIS NA VIDA FAMILIAR

↪ de si, de algo que está no coração e precisa ser manifestado;

↪ de algo interessante que aprenderam;

↪ de algo interessante sobre o qual desejam saber mais;

↪ de algo que as deixou felizes;

↪ de algo que esteja provocando tristeza;

↪ de algo que as deixa ansiosas;

↪ medos, preocupações e angústias;

↪ como estão vivendo alguma experiência atual;

↪ projetos importantes que têm pela frente;

↪ como se está indo na escola;

↪ como anda o trabalho;

↪ amizades: situações bacanas e dificuldades que estão sendo vividas;

↪ elogios que têm a fazer aos demais;

↪ pedidos que querem manifestar;

↪ eventos importantes que se aproximam;

↪ como estão se sentindo no convívio familiar;

↪ do que mais gostam na casa;

↪ do que menos gostam na casa e do que pode ser feito por cada um;

↪ o que desejam mudar no modo como se vive na casa;

↪ planos e projetos futuros pessoais;

↪ planos e projetos futuros da família...

É melhor que um filho perca uma hora de sono se for para acordar mais cedo de manhã e tomar café com todos à mesa. O mesmo exemplo serve para jantarem juntos: melhor ir dormir mais tarde tendo jantado juntos, do que cada um crescer por si.

Muitos pais se iludem com a ideia do tempo de qualidade. Ora, da mesma forma que uma planta leva tempo para criar raízes e se firmar na terra, um filho também leva tempo para confiar em seus pais de novo após um tempo de distanciamento.

Nas primeiras tentativas de aproximação, é comum que os filhos rejeitem a iniciativa, pois não acreditam na sinceridade das ações, ou pensam que o desejo de dialogar e estar juntos é da boca para fora, ou sentem medo de se aproximar e depois perder a intimidade conquistada de novo.

Há uma série de razões pelas quais os filhos poderão e até tenderão a rejeitar propostas de maior convívio num primeiro momento. Voltamos aqui ao exemplo das atitudes observadas nas empresas. Ninguém desiste de conquistar um cliente importante nas primeiras tentativas fracassadas. Quando se quer conquistar um cliente, adota-se uma estratégia inteligente, persistente, com visão de médio prazo, e, acima de tudo, busca-se uma atitude compromissada com o resultado. Por que não fazer o mesmo para se aproximar de quem se ama?

Se os pais não estenderem a mão consistentemente, dispostos de verdade a terem uma família unida, precisarão saber que essa omissão custará caro aos filhos e lhes custará muita solidão na sua própria velhice.

Tendemos a ficar com dó dos velhinhos sentados no canto daquela larga mesa no restaurante ou dos que não são visitados quando senis. Mas temos de pensar em que tipo de vínculo essas pessoas se esforçaram para construir ao longo de sua vida. Ninguém deve abandonar ninguém. Isso é triste, vil, doloroso e errado.

Lembro de um depoimento de *CELSO, 49 ANOS*, importante empresário do ramo de publicidade: "Sabe, percebi que, quando meus negócios estavam em pleno crescimento, me entusiasmava fazer pequenas surpresas para meus clientes. Eu os visitava de repente com um presente, ia com

## PROFISSIONALIZANDO AS ATITUDES EM CASA:
## DO ESPONTANEÍSMO AO ALINHAMENTO DE PAPÉIS NA VIDA FAMILIAR

minhas melhores roupas, era atencioso e generoso com minha equipe de criação, para que eles se superassem, e fazia de tudo para que meus clientes e minha equipe se sentissem especiais. Mas não fiz nada disso na minha própria casa. Eu me perdi como pai e como marido. E pior, os perdi".

Situação oposta foi vivida por ***E**LI, 47 ANOS,* diretora de uma multinacional do setor de exportações. Ela comentava: "Leo, aprendi uma coisa: se você quer resultados, deve colocar energia nas coisas. Já passamos muitas crises na empresa, mas o que faz tudo acontecer é o espírito de time, aquela sensação de que aqui é todos por todos e nós venceremos, pois temos uns aos outros. Se uma pessoa do meu time está com problemas, todos temos de ajudar. Somos um só corpo. Mas, ora, se isso não for praticado dentro da minha própria casa, que tipo de respeito poderei ter por mim mesma? Se há um compromisso na escola da minha filha, eu chego mais tarde no trabalho e acabou. Eu dou mais de mim e fico até mais tarde se precisar, mas meu chefe sabe que minha fonte de energia é a família, e não quero ver meus filhos crescidos, quero vê-los crescendo. Eu não coloquei filho no mundo para ser maltratado e sim amado".

# DEZ FORÇAS DA ALMA NA FORMAÇÃO DO CARÁTER DA FAMÍLIA

**PROJETO DE VIDA** e **ESCOLHA PROFISSIONAL...** na prática

*DEZ FORÇAS INTERIORES* para um bom projeto de vida: 1) A **intuição** percebe a realidade de modo abrangente; 2) A **razão** constrói o sucesso com os dados da realidade; 3) A **atitude** supera dificuldades; 4) O **amor** leva a trabalhar pela causa certa; 5) A **firmeza** busca o preparo e usa a disciplina; 6) A **harmonia** cria relações melhores com parceiros, e até com concorrentes; 7) A **coragem** gera a vontade de fazer acontecer; 8) A **perspectiva** dá a percepção do todo, que vê mais as oportunidades do que as adversidades e aprende sempre; 9) A **ação** faz entender que, melhor do que sonhar, é realizar nossos projetos; 10) A **espiritualidade** dá sentido a tudo o mais. Ela nos lembra o valor da vida: servir à sociedade, construindo um legado a cada dia.

Você contrataria um profissional dotado dessas forças? Se sim, como tem treinado seu filho (e a si mesmo) em relação a isso?

*Na família A, o pai é um ateu convicto. Para ele, religião é apenas uma forma de controle. Ele considera que: cada um está nesta vida por si e que valores, compaixão e sensibilidade são frescura, coisa de gente fraca. Para ele, "É cada um por si mesmo". Seu filho era sempre o primeiro a saber que Papai Noel e o Coelhinho da Páscoa não existem e era estimulado a desmascarar os personagens dos teatrinhos da escola, a mostrar os truques dos mágicos nas festinhas e a ironizar quando um amiguinho se mostrava triste com alguma coisa. Nesta casa, a palavra de ordem é "Ser forte e se impor". Se isso parecer para os outros que é crueldade, é problema deles. A vida, aqui, é uma selva; salve-se quem puder.*

# Que TIPO de família é a SUA?

*Na família B, a mãe é de uma religião e o pai de outra, ou ateu, mas ensinam aos filhos que a boa convivência assenta em respeito mútuo, bondade, compaixão e lealdade. Eles ressaltam na frente dos filhos que cada pessoa pode ter diferentes formas de entender a divindade e a origem da vida, mas há algo que nos une, que é a capacidade de transcender, ou seja, de colocar nossa vida a serviço de algo maior do que nós. Neste lar, as pessoas entendem que, ao servir o próximo, nossa própria vida se enriquece e dignifica.*

ste capítulo tratará de um aspecto muito delicado: a formação do caráter da família. Esse é o reflexo do conjunto de hábitos praticados no lar, que cria uma lente através da qual é formada a visão de mundo, a autoestima e as atitudes que cada membro da família tenderá a desenvolver como referência para a vida. Refletir sobre a força empregada na missão de edificar uma família é fundamental, pois, se queremos um lar onde haja amor, em que as pessoas se considerem, se amem e se preparem adequadamente para a vida, cada ação conta.

Espero que a esta altura você já esteja convencido da importância do seu papel na família, pois é você quem lidera. Sua família tenderá a ter um caráter que reflete a sua imagem. É seu espelho, sua obra.

Os pais dispõem de **dez forças** morais, ou "forças da alma", que, se bem empregadas, podem fazer toda a diferença na vida familiar. Esse conhecimento é inspirado na Cabala, um sistema milenar de conhecimento e filosofia sobre o bem-viver.

MEU FILHO CHEGOU À ADOLESCÊNCIA, E AGORA?

Não se trata aqui de apresentar uma visão religiosa e sim de oferecer propostas bastante práticas que possam ajudá-lo a formar a família que você quer e merece ter. Cabala significa recebimento. Seus conhecimentos têm a missão de auxiliar as pessoas de todos os credos a levarem uma vida em que a luz, a prosperidade e a força interior lhes seja abundante. Segundo a Cabala, para recebermos tudo isso é preciso doação da nossa parte.

Sua proposta é ajudar as pessoas a desenvolverem hábitos de vida que as tornem mais poderosas e mais dotadas de luz. Isso significa mais força, mais amor, mais alegria e mais poder pessoal. Tendo mais, doamos mais.

Ter luz, para os estudiosos da Cabala, é sentir-se pleno e com desejo de iluminar a vida dos demais. A escuridão representaria o medo, o bloqueio, a dúvida, o cinismo, a indiferença, o egoísmo. O escuro não é a ausência da luz, e sim a dificuldade de acesso a esta. Quanto mais um pai ou uma mãe praticam atitudes de afeto, de consideração, de doação, de reflexão, de amor, mais eles se aproximam da luz e da formação de um lar iluminado.

Durante muitos anos, a Cabala esteve restrita a um grupo reduzido de estudiosos e muito se especulava sobre sua finalidade. Mitos e preconceitos se formaram sem que se soubesse direito do que se falava. Mais recentemente, esses ensinamentos foram divulgados pelo norte-americado Rav Berg e tornaram-se mais acessíveis. Pouco tempo atrás, Martin Seligman, ex-presidente da Associação Norte-Americana de Psiquiatria, comandou uma série de estudos nos quais se buscava a base para uma felicidade autêntica, analisando-se a intersecção entre as principais correntes religiosas e filosóficas dos últimos 3 mil anos. O que se percebeu é que havia uma enorme comunhão de propostas entre quase todas elas, ou seja, diferem os nomes, mas as virtudes indicadas são com frequência as mesmas.

DEZ FORÇAS DA ALMA NA FORMAÇÃO DO CARÁTER DA FAMÍLIA

Estudou-se o Velho e o Novo Testamento, Lao-Tsé, Buda e muitos outros, entre os quais a Cabala. A Cabala foi escolhida pela praticidade de suas propostas, pela sua facilidade de assimilação, além de sua eficácia para o contexto de formação do caráter familiar. Para facilitar a sua compreensão, faremos uma correlação dessas forças com partes do corpo humano. Afinal, elas moram em nós, mesmo.

## 1ª força: Intuição

Primeira das três forças mentais, estaria localizada simbolicamente na região do lado direito do cérebro. Refere-se à capacidade de antever possibilidades de ação. Age como um *flash*, trazendo à mente certezas ou um direcionamento para tomada de decisões.

Essa força "fala" conosco por meio de sonhos ou de emoções. É o peito que fecha quando vemos uma pessoa mal-encarada conversando com um filho, o sono que demora a vir quando estamos arrependidos por faltar ao evento especial da filha, ou uma informação que nos aparece de repente, quando estamos absortos em alguma atividade simples como lavar a louça, caminhar ou tomar banho, e sentimos um estalo nos dizendo alguma verdade importante.

A intuição é uma ideia clara, com uma informação que geralmente está certa, ainda que muitas pessoas não a acessem ou não a levem a sério. Ela foi largamente estudada e hoje já se sabe que pessoas que costumam tomar decisões com base em suas intuições têm índices maiores de acerto e segurança do que aquelas de tendência excessivamente analítica.

David Servan-Schreiber, cardiologista francês, autor do *best-seller Curar*, ensina que temos um eixo que conecta o coração com o cérebro, chamado "eixo cardioencefálico". Ele faz com que as informações

183

processadas no nível instintivo da mente sejam transmitidas velozmente do cérebro para o peito por meio de feixes de nervos e assim possamos identificar com mais facilidade uma situação muito boa ou muito perigosa. No livro *Blink*, Malcolm Gladwell coloca a intuição como a mais poderosa ferramenta para a tomada de decisões.

Por isso é que, quando você observa uma pessoa com um olhar estranho se aproximar de sua filha, ainda que racionalmente não tenha motivos para se incomodar, sente-se desconfortável. O amigo do seu filho que não tem um "olhar bom", o momento em que o tom de voz da sua filha mostrava que algo estava errado na festa em que ela estava — são momentos de alarme intuitivo. Por isso, quando você deixa um filho ir sozinho a um evento do qual não sabe direito como ele voltará, seu peito se fecha.

Nesses momentos, a intuição serve para que você escute um perigo que a sua mente intuiu. Por isso é tão importante buscar um filho nas festas, olhar para os olhos uns dos outros nas refeições, prestigiar os membros da família em eventos, aniversários, formaturas e mesmo em hospitalizações.

Com um bom número de horas de convivência, obtemos um vasto repertório de informações que são processadas no nível mais profundo da mente, o cérebro emocional. O tipo de choro, o volume da voz, a postura corporal, o olhar, tudo isso passa a fazer sentido. São sinais que o cérebro intuitivo compreende e que trazem importantes dados sobre como estão os demais membros da família. Lembra que falamos sobre a importância de passar momentos juntos e sobre o valor de conviver? É isso.

Como desenvolver esta força?

↪ Presença.
↪ Meditação.

↪ Oração.

↪ Antes de dormir, pensar no seu dia, no que aprendeu, no que poderia ter sido diferente.

↪ Escutar músicas de relaxamento.

↪ Caminhar.

↪ Desenvolver alguma atividade artística.

Como saber a hora de escutar a intuição? Como distinguir uma emoção passageira de medo de um conhecimento importante que precisa ser levado em conta? Como gerenciar bem os perigos e o momento de soltar as rédeas em casa? Para isso é preciso aliar a intuição à razão.

## 2ª força: Razão

Para complementar a intuição, a mente dispõe da razão, que procura os dados, os fatos e as informações para ajudar a fazer boas escolhas. O lado esquerdo do cérebro é mais responsável pelo processamento da razão e da objetividade. Esse aspecto mental se baseia em tudo que é material, concreto, direto e específico. Imagine um pai que chega em casa todos os dias à noite e nunca vê o filho estudando. Se não for à procura de dados, pode acusar o filho de ser um largado, quando na verdade este se empenha em realizar suas tarefas antes de o pai chegar, justamente para poder passar mais tempo com ele. Com a melhor das intenções, o pai pode pegar pesado com o filho sem conhecer os dados da realidade.

Conversar com o filho, entrar no site da escola e conferir as tarefas solicitadas ou consultar o orientador são algumas das saídas racionais para evitar mal-entendidos. Em vez de gritar e acusar, é

MEU FILHO CHEGOU À ADOLESCÊNCIA, E AGORA?

melhor perguntar: "Como ficou a sua pesquisa sobre a questão do Oriente Médio?", dando sinais do seu interesse.

Quando um filho pede para ir viajar com os amigos, e o peito da mãe fica apertado, é preciso que ela investigue se o que a deixa insegura diz respeito ao evento em si – por exemplo: não saber onde o filho vai ficar, quem vai levá-lo e se há segurança na viagem – ou se esse sentimento diz respeito apenas à insegurança de mãe, sem motivo algum.

É nessa hora que se une intuição e razão, justamente para buscar os dados para confirmar uma impressão interior.

É aconselhável que os pais mantenham uma relação de cumplicidade entre si, revezando-se na hora de buscar os filhos nos eventos. É igualmente útil que se falem para trocar ideias sobre o desenvolvimento dos filhos e busquem escutar pessoas que estejam vivendo um momento semelhante ao seu. Formar uma rede de apoio com outros pais é enriquecedor, confortador e inteligente.

Buscar orientação na escola, com profissionais ou no âmbito espiritual é uma boa forma de confrontar as intuições com dados da realidade.

Não se pode delegar toda a educação dos filhos à escola ou a terapeutas, pois estes passam poucas horas do dia com eles e sua intuição pode não ser tão apurada.

No caso da impossibilidade de um convívio maior, a troca de ideias com outros cuidadores e pais pode ajudar a não agir com base na cegueira ou no cinismo.

Como desenvolver esta força?

↳ Ler livros sobre cada fase do desenvolvimento dos filhos.
↳ Buscar apoio profissional quando for necessário.
↳ Refletir sobre como são as suas próprias atitudes, antes de julgar ou querer mudar os outros.

## DEZ FORÇAS DA ALMA NA FORMAÇÃO DO CARÁTER DA FAMÍLIA

↪ Fazer reuniões de alinhamento do casal.

↪ Participar de palestras sobre educação.

↪ Fazer reuniões de alinhamento com todos os membros da família, de tempos em tempos.

↪ Frequentar a escola para pedir orientações claras aos professores sobre como participar.

↪ Sentar com cada filho em separado e mostrar real interesse em se mostrar e em saber mais dele(a).

## 3ª força: Atitude

Para unir as forças da mente temos a atitude. É uma predisposição que se sente perante algo, alguém ou alguma experiência. Está relacionada ao poder de dar foco, de escolher, concluir, assumir. Simbolicamente, as duas forças anteriores estariam dentro da mente, uma do lado direito, a intuição, e a outra do lado esquerdo, a razão. Integrando as duas está a atitude, sediada no pescoço, que é nossa conexão com o corpo.

Esta força estaria simbolicamente no pescoço, pois, além de integrar razão e emoção, a atitude é o que integra nossa porção pensante (a cabeça) à nossa porção sensível (nosso corpo).

A atitude seria como uma ponte que nos deixa mais integrados e conscientes de nossas forças morais. Ter atitude é algo fundamental e os filhos esperam por isso. Muitas vezes eles pedem por limites ou regras, mas os pais, movidos pelo desejo de ser "moderninhos" ou para não ter trabalho, acabam muitas vezes superprotegendo-os ou infantilizando-os ainda mais.

A filha de 8 anos acabou de comer e de sobremesa saboreou uma bola de sorvete. Ao terminar, pede mais uma. É nessa hora que se devem ouvir os dados da realidade: comer mais não é necessário

MEU FILHO CHEGOU À ADOLESCÊNCIA, E AGORA?

nem desejável. Caso contrário, a mãe estará permitindo a formação de maus hábitos alimentares, que no futuro poderão gerar obesidade, problemas de adaptação social ou mesmo de ordem cardíaca na criança. Nesse caso, não adianta a mãe dizer que sua filha não tem limites. São os pais que devem sinalizar as regras do jogo. A realidade, bem como as regras da casa, não pode ser reinventada a toda hora, cedendo sempre aos desejos do momento.

A formação de uma família sadia começa com os hábitos alimentares praticados em casa. Ao aprender a conter os impulsos sobre a comida, a criança aprende a se dominar. A inteligência emocional depende disso, bem como o controle da ansiedade.

A maior vitória humana é a do indivíduo sobre si mesmo, pois, ao vencer sua porção instintiva, a pessoa torna-se dona de seu destino, e não refém dos desejos imediatos que podem levá-la a uma vida vazia, sem sentido e sem realização. No filme *Inteligência emocional*, de Daniel Goleman, da Editora Siamar, apresenta-se uma pesquisa contundente. Nela, um professor deixa um pequeno *marshmallow* na mesa de crianças de 6 anos e as orienta a não pegar o doce enquanto ele estiver fora. As imagens colhidas mostraram que algumas dessas crianças ficavam tranquilas, enquanto outras sofriam muito, mas se continham. Outras simplesmente colocavam o doce na boca e o comiam.

A pesquisa verificou que, anos depois, as crianças que se contiveram tinham notas melhores na escola e em diversos outros testes de autoestima e habilidades sociais. Se dizer "não" dá trabalho, imagine crescer sem limites e sem a noção de que nem sempre a vida nos dá o que queremos. Crianças não nascem tiranas, violentas ou agressivas. Elas são treinadas no dia a dia a reagir de formas construtivas ou negativas diante das adversidades.

Mesmo sabendo das consequências de hábitos danosos e dos malefícios de certos comportamentos dos jovens, alguns pais não

DEZ FORÇAS DA ALMA NA FORMAÇÃO DO CARÁTER DA FAMÍLIA

tomam as atitudes que deveriam para ajudar seus filhos a treinarem seu cérebro adequadamente. Mais tarde, quando estes se mostram indolentes, os pais não entendem que isso decorre da falta de treinamento que eles (pais) não ofereceram em casa. O cérebro precisa ser exercitado e estimulado.

Muitas vezes, os filhos tornam-se acomodados porque os pais não se preocuparam em usar integralmente suas forças. Ou foram otimistas demais e pensaram que, com o tempo, os filhos tomariam jeito sozinhos; ou não empregaram as suas outras forças pessoais, enfraquecendo seu poder pessoal e parental.

Lembro bem do caso da garota **$S$**UZANNA, **DE 21 ANOS,** que me procurou com sua mãe para receber orientação profissional. Ambas chegaram bem vestidas, muito perfumadas e cheias de joias.

Mostraram-se bastante simpáticas, falantes e cheias de energia, falando alto e rindo muito. Mas minha intuição mostrava que por trás de tanta simpatia havia algo estranho no ar.

"Diga-me uma coisa, você concluiu o ensino médio há três anos e nesse tempo todo se dedicou a alguma coisa? O que você tem feito desde então?", perguntei à moça depois de alguns minutos de bate-papo inicial.

A garota riu e abaixou a cabeça.

A mãe disse: "Sabe, a minha menina ainda era muito novinha quando saiu da escola e decidimos que era melhor dar um tempo, deixá-la tranquila para amadurecer e, quando ela quisesse, escolheria o que fazer da vida".

"Sim, entendo", assenti.

"E o que você fez nesse tempo, Suzanna?", voltei a perguntar.

"Compras", foi o que ouvi das duas ao mesmo tempo.

"Certo, e o que a traz aqui? Você se sente mais motivada agora?", perguntei à garota.

"Não, é que minha mãe tá me enchendo, porque a gente tá tretando (brigando, em adolescentês) muito, sabe, ela não quer que eu saia tanto e nem que eu durma demais", diz Suzanna.

"Ela sai todos os dias, depois bebe e dorme demais, doutor, até 2, 3 da tarde, e eu não aguento mais. Assim não dá", diz a mãe.

"Ok, conte-me como foi a sua vida escolar, como foram as escolhas que você fez até o momento", pedi.

"Bem, o que eu realmente tive de decidir foi... nada", disse de novo a moça.

"Doutor, ela sempre foi meio folgada, meio dispersa. É uma menina maravilhosa, superbacana, e a gente sempre se deu muito bem. Ela ia bem na escola até entrar no tal do ensino médio. Daí em diante, começou a ter problemas de notas. Eu não aguentava vê-la sofrendo e coloquei-a em uma escola mais fácil. Não adiantou, ela não estudava. Depois eu a coloquei numa escola mais fácil, pois nunca ninguém repetiu de ano na minha família e não ia ser agora, com a minha pequena."

"Sei, então sua formação escolar foi de certa forma incompleta?", perguntei à moça.

"Não, Leo, eu sou folgada e burra mesmo", ela respondeu.

"E em que tipo de trabalho ou carreira você pensa? Alguma coisa lhe parece interessante ou significativa?", perguntei, numa tentativa de verificar o que lhe traria sentido e vontade de ter um projeto de vida.

"Sabe, quero alguma coisa que eu tenha de estudar pouco, alguma coisa mais fácil, porque eu sou meio fraca...", diz a moça olhando para baixo, com um ar de desapontamento consigo mesma.

Foi a minha brecha. Ao sentir que ela se incomodava com essa ideia sobre si mesma, senti a chance e a motivação de mostrar-lhe que ela estava se desperdiçando como pessoa. Que era preciso rever certos hábitos para amadurecer e ter orgulho de si.

DEZ FORÇAS DA ALMA NA FORMAÇÃO DO CARÁTER DA FAMÍLIA

Antes de sequer iniciar qualquer trabalho de orientação profissional, tivemos de investir muita energia em uma psicoterapia para autoestima. Vencemos uma série de hábitos que fizeram com que ela, por meio de sua vida "gostosa e divertida", se sentisse nesse momento folgada, burra e sem valor. Ela havia se acostumado a se sentir por baixo, se esquivava de crescer e de enfrentar a vida real. Não era burra, apenas mal-educada, literalmente. Educou-se a desistir!

Apenas depois de um ano de reestruturação de suas crenças e hábitos é que conseguimos que ela chegasse à idade mental de 21 anos e iniciasse seu processo de escolha profissional assentada em valores e princípios. Sua decisão? Medicina. Era do que ela gostava, mas teve que prestar por quatro anos até entrar. E entrou. Ela se reeducou e se reinventou, junto com a mãe, que também teve de mudar certas atitudes. A atitude é a força do fazer acontecer, de colocar o dedo na ferida, dizer o que tem de ser dito. Sem rigidez, sem brutalidade, sem maus-tratos, é possível e necessário que os pais assumam uma atitude de amor responsável por sua família.

Sozinhos, em geral, os filhos não vencem a si mesmos e, entregues aos instintos, tendem a não crescer. O prejuízo para a autoestima é imenso, e os danos à identidade, perigosos.

Quando não adotamos a atitude que nos cabe, quando não falamos algo que precisa ser dito, quando não consertamos algo que merece cuidado, ficamos com a sensação de bolo na garganta, de algo que ficou entalado. É a dívida que temos com nós mesmos.

Muitas vezes, o que nos impede de tomar uma atitude é que temos uma intuição sobre algo, mas nos faltam dados. Ou temos dados, mas não sabemos direito o que estamos sentindo e ficamos paralisados.

Quando temos os dados objetivos de que algo está errado (ou precisa ser feito) e quando o cérebro já nos apontou isso por meio da nossa intuição, é hora de entrar em campo e fazer o que tem de ser feito. Caso contrário, o caráter de toda a família se perde e a luz não permanece nesse lar.

Como desenvolver esta força?

➥ Faça uma lista de pequenos reparos (coisas que precisam de conserto, pintura ou reforma) e cuide disso efetivamente. Mantenha a casa em bom estado, não a deixando com aspecto de abandono. Seu cuidado gera segurança.

➥ Faça o mesmo com a sua própria forma física, para dar o exemplo. Não, seu filho não é seu guia nem seu *personal trainer*. Eduque-se e seja o adulto.

➥ De tempos em tempos, avalie com o cônjuge as rotinas de sono, alimentação e esportes de todos, para que se viva num lar sadio e com bons hábitos.

➥ Divida as tarefas no lar, fazendo com que cada um, de acordo com a sua idade, adote uma responsabilidade. As fases de amadurecimento mudam de família para família, mas é importante fazer com que haja o hábito de cooperar. Não com ideias e sim com atitudes.

➥ Diante de pedidos de presentes e compras, saia do automático e pergunte-se: Quero dar isso? Posso? Quais os efeitos desta compra na vida dele? Ele quer ou precisa mesmo disso? É adequado para a sua idade? É um bom momento para presentear, ou pode-se esperar? O que isso vai agregar à vida do meu filho?

➥ Lembre-se de que muitas vezes o não de hoje (frustração) torna-se o sim de amanhã (espírito empreendedor), e o sim de hoje (permissividade) pode se tornar o não de amanhã (apatia).

É preciso cuidar daqueles que se ama. Isso pode significar ensiná-los a se frustrarem de tempos em tempos. Essa é a vida real. Nela, perdas e ganhos muitas vezes se confundem, se misturam, e por isso o pensamento deve estar sempre direcionado ao longo prazo. É lá que seu legado se revelará.

## 4ª força: Amor

Simbolicamente, o amor estaria representado na mão direita, com a qual se oferece afeto. Ao estender a mão a um conhecido, uma pessoa está dando um sinal de afeto. Quando se está com raiva, fecha-se a mão, em sinal de desafeto.

O amor é uma força excepcionalmente bela e poderosa, que abre caminhos para a felicidade. Está ligado à liberdade, à doação, à expansão e à leveza.

Amar é algo que se revela na bondade, que se mostra na hora em que um pai chega em casa e desata a gravata, sentando no chão para brincar com o filho, deixando a TV ou o BlackBerry para depois. O amor se revela na hora em que a mãe coloca uma flor na mesa para enfeitá-la e recebe sua família da melhor forma que pode. O amor está nas pequenas ações em que a pessoa se coloca à disposição do outro, doando seu tempo, sua energia, seu olhar.

Se o pai percebe que um filho está menosprezando o outro, deve usar uma atitude firme para impedir isso. É aqui que entra em jogo o equilíbrio entre as forças da alma, de forma dinâmica. Pois amor não é apenas doação, e sim, por vezes, contenção. Quando a filha de 9 anos deixa escapar que maltratou uma amiguinha na escola, a mãe deve fazer com que ela escreva um bilhete de desculpas ou ligue imediatamente, dizendo que está arrependida.

O amor também é ensinado por meio da compreensão da natureza falível de todo ser humano e da compaixão que nos faz perceber que devemos perdoar os outros, pois todos temos falhas.

MEU FILHO CHEGOU À ADOLESCÊNCIA, E AGORA?

Se sabemos fazer melhor do que os outros, não devemos julgar e sim mostrar o melhor caminho pelo nosso próprio comportamento. Quando os próprios pais falam mal dos outros à mesa, quando deixam que seus filhos joguem papel no chão sem perceber o dano que isso traz para a sua cidade, quando escutam que um filho maltratou sua professora e nada é feito, não estão agindo com amor, e sim com abandono, pois os filhos tenderão a se afastar da sua própria natureza bondosa, ao automatizarem o descaso.

Somos programados para fazer o bem. Salvo os casos raros de psicopatia, o ser humano está naturalmente propenso a agir de forma sadia, haja vista que pessoas que costumam praticar boas ações têm índices mais altos de satisfação com a vida. Pessoas que põem em prática suas virtudes e que se habituam a fazer o bem são em geral mais felizes e realizadas do que aquelas que fazem apenas o que querem e "não estão nem aí".

Neste momento me vêm à mente as sessões com a jovem *DÉBORA*, que atendi há alguns anos e que na época tinha *14 ANOS*. Ela sofria muito pela separação vai-e-volta dos pais. Costumava dizer: "Não sei o que é pior, quando eles estão juntos e largam a gente em casa, deixam a mim e ao meu irmão totalmente abandonados, ou se é quando estão cada um procurando novos namorados, ou sofrendo cada um no seu canto, numa deprê ridícula, e de novo a gente fica largado".

"E há na sua família alguém que possa lhe dar um suporte mais firme, mais seguro?", perguntei.

"Não, Leo, minha tia é pior, ela fica com o meu tio apenas para pegar o dinheiro dele e fala mal dele o tempo todo. Eu não tenho lugar." Era duro acreditar em um lar assim.

Como crescer acreditando nas pessoas, em si mesma, se na própria casa se ouve o tempo todo o quanto o outro é falho e fica a dever? Nas sessões de orientação familiar, ficava claro que, naquela casa, a culpa e os problemas estavam sempre no outro. Nunca o pai ou a mãe apontavam o dedo para si próprios, para pensar no que cada um poderia fazer melhor.

A Cabala nos ensina que um dos segredos para realizar nosso potencial com plenitude é agir como no arco e flecha. Para que a seta vá longe, é preciso trazê-la para perto do peito. É assim que devemos agir diante de nossos problemas: pensar em trazer mais a responsabilidade, o foco de crescimento e de mudança para nós mesmos, ser mais proativos e menos reativos. Devemos pensar no que podemos fazer de diferente para obter condições novas no ambiente externo ou nos outros. A mudança parte de nós.

Como desenvolver esta força?

↪ Ensinar os filhos a respeitar e honrar seu pai e sua mãe, um cônjuge protegendo e honrando o outro.

↪ Quando o casal é separado, tratar as questões dos adultos entre os adultos e ser generoso um com o outro, mostrando aos filhos que pode existir ex-marido, mas que o pai deles merece respeito, o mesmo valendo para a mãe.

↪ Não permitir que um filho fale mal do irmão ou de um amigo sem que este esteja presente, sem insistir em que ele veja a mesma situação pelo olho do outro.

↪ Dar demonstrações expressivas de afeto: beijar, abraçar, olhar nos olhos, tocar.

↪ Validar: elogiar, agradecer por um esforço, valorizar um gesto, mostrar que notou uma tentativa de acertar.

MEU FILHO CHEGOU À ADOLESCÊNCIA, E AGORA?

↳ Desligar o telefone, ou deixá-lo no modo silencioso, durante as refeições e os passeios. Se for absolutamente necessário manter-se *on-line*, é melhor fazer um passeio de menor duração ou ir em outro dia, para que, quando estiver junto dos filhos, esteja efetivamente presente.

↳ Não comparar os filhos um com o outro, pois isso acaba fazendo com que eles se rejeitem e suas ideias nem sejam ouvidas.

↳ Mostrar exemplos pessoais de generosidade: dar gorjeta sem reclamar, agradecer ao manobrista quando pagar o *vallet park* no *shopping*, tratar com respeito garçons, funcionários da casa ou as pessoas na rua.

# 5ª força: Firmeza

O amor, a doação e a expansão afetiva são importantes, mas o que seria de uma linda flor se ela não tivesse um caule firme, que lhe desse estrutura?

Há quem pense que os pais devem ser ou amorosos ou firmes, como se essas forças fossem contraditórias. Ao contrário do que se pensa, o amor é complementado pela firmeza, pelo limite, pela definição.

Esta força estaria representada na mão esquerda. É a mão da rigidez, que direciona a força do amor que se tem e se quer doar. É a força que ajuda a saber a hora, o jeito e a intensidade certa das palavras, das regras, dos limites.

O cinto de segurança protege um filho de uma batida. As regras de um esporte ajudam a dar a mesma oportunidade a todos os envolvidos no jogo. A disciplina promove a concretização de nossos objetivos, driblando a falta de vontade que ocasionalmente visita a mente durante a realização de metas importantes. Tudo isso é

DEZ FORÇAS DA ALMA NA FORMAÇÃO DO CARÁTER DA FAMÍLIA

firmeza. Há hoje em dia uma grande tendência a evitar a firmeza e valorizar a afetividade, a tranquilidade e a amizade em família. Isso pode ser positivo, pois rompe com um silêncio e um medo muito forte que havia antigamente no âmbito familiar. Só que perdemos a mão e estamos sem limites. E isso tem custado caro: muita droga, muita bebida, pouco projeto, pouco sonho.

É preciso ressignificar o limite, não percebê-lo como uma força do mal, que nos atrapalha, machuca, distancia, e sim o contrário, como a expressão de um cuidado, de um zelo. Ser firme é uma forma de amar.

Nem sempre os filhos entendem, quando ainda são novos, por que precisam dormir, por que precisam ir visitar aquela tia de mais idade no hospital, por que devem colocar a camisa para jantar em casa, por que devem pedir desculpas para o vizinho.

Muitas vezes, só teremos a clara percepção da importância das coisas que aprendemos quando tivermos muito mais idade. E é nisso que os pais têm de se segurar diante das birras, das manhas dos filhos, ou mesmo diante de sua própria preguiça de fazer o que deve ser feito.

Sabe aquela frase que você costuma dizer para sua filha: "Quando você for mais velha, vai me agradecer?". Pois é, apenas quando ela crescer é que irá entender mesmo. Certos ensinamentos e noções fazem sentido apenas muito mais tarde na vida, quando precisamos efetivamente deles.

Lembro de uma situação vivida por mim no começo da vida adulta. Eu não gostava muito de estudar inglês. Achava muito chato ter de aprender uma língua que parecia que eu não iria usar para nada, várias horas por semana. As aulas que tinha no laboratório, então, "Meu D'us, que amolação!", pensava. Ficava repetindo uma pronúncia até o programa do computador me permitir mudar de fase. Eu não suportava isso. Mas meus pais não me davam direito de

MEU FILHO CHEGOU À ADOLESCÊNCIA, E AGORA?

discutir certas coisas. Quando decidiam algo e diziam que estavam convictos de que era para meu bem, não havia debate, e a democracia dava lugar à "adultocracia", um mundo onde eles lideravam, quer eu gostasse ou não.

No último ano da faculdade, fui com um pequeno grupo de amigos, liderados por um professor, a um congresso de psicoterapia cognitiva em Toronto, no Canadá. Lembro como se fosse hoje a felicidade imensa que senti ao ouvir todas as palestras do primeiro dia e entender absolutamente tudo. Eu sentia que estava em casa e não tive nenhuma dificuldade com a minha expressão durante a viagem.

No final do dia, antes de ir para casa, liguei para meus pais de um telefone público azul lindo, da própria universidade, e agradeci muito a eles por terem insistido e "me obrigado" a fazer inglês, pois eu estava entendendo tudo. Foi emocionante. Foi naquele momento em que tudo que aprendi do idioma fez sentido.

Como desenvolver esta força?

↪ Falar com firmeza quando estiver dando uma bronca, mas sem perder o tom, sem gritar, humilhar ou maltratar.

↪ Não aceitar passivamente que um filho destrate outro ser humano, seja este quem for, esteja onde estiver.

↪ Fazer o certo, mesmo que não ganhe algo em troca ou não haja ninguém olhando, por exemplo, usar cinto de segurança sempre, não jogar papel no chão, andar com civilidade no trânsito.

↪ Dormir cedo, zelando pelo direito ao repouso, tão necessário ao aprendizado escolar, ao crescimento e à qualidade de vida.

↪ Manter bons hábitos de alimentação e cuidados com o corpo.

↪ Ser pontual com os compromissos.

↪ Pedir desculpas quando errar e exigir o mesmo dos demais.

↪ Pagar pelos serviços prestados e não consumir produtos piratas, para não cultivar uma cultura de levar vantagem.

DEZ FORÇAS DA ALMA NA FORMAÇÃO DO CARÁTER DA FAMÍLIA

↳ Se não dá para comprar já, espere e ponto final. A espera é também um bom treino para a mente.

↳ Pediu emprestado? Devolva.

↳ Usou? Lave.

↳ Tirou do lugar? Devolva aonde estava.

↳ Quebrou? Conserte.

↳ Não quer fazer, mas precisa ser feito? Faça mesmo sem querer e depois congratule-se com os resultados.

↳ Quer fazer, mas não pode? Não vai fazer.

Crianças que crescem em um ambiente onde há amor e firmeza em equilíbrio tornam-se muito mais sadias, felizes e inteligentes. Elas crescem com uma importante força interior, que lhes permite fazer boas escolhas, considerando o ontem, o hoje e o amanhã, a si e aos demais.

# 6ª força: Harmonia

Educar com esta força é encontrar um equilíbrio delicado entre o afeto e a firmeza, o amor e a regra, a liberdade e a disciplina.

Se a doação amorosa é representada pela mão direita e a firmeza pela esquerda, a harmonia é representada pelo tronco, que mostra nossa postura na vida.

Quando um artista pinta um quadro, inicia com a força do amor, que se expande indefinidamente. Chega um momento em que se depara com os limites da tela. Se o seu traço se perder no infinito, saindo da tela e subindo pelas paredes, o artista pode ter um potencial maravilhoso, mas nunca terá um quadro finalizado.

Os filhos precisam crescer em ambientes em que as regras, os limites, as formas de recompensa e as punições aos maus atos sejam conhecidos. E cumpridos.

MEU FILHO CHEGOU À ADOLESCÊNCIA, E AGORA?

Para alcançar a harmonia, os pais precisam também se dispor a organizar sua vida de forma íntegra. Eles são o exemplo, e os filhos se espelham neles.

Pais que exercitam a compaixão, a misericórdia, que sabem tomar decisões moderadas, equilibrando afeto e firmeza, ajudam os filhos a perceber que na sinergia entre essas duas dimensões — afeto e firmeza — é que está a beleza da vida.

Pais que não têm limites nem equilíbrio, diante de uma separação, a vivem como se esta lhes desse uma "vida nova", e com isso, viesse junto um alvará para viver o que não puderam na juventude ou durante o matrimônio. É como se ficassem com inveja da adolescência dos filhos, o que é normal, pois essa é uma fase realmente fascinante.

O tempo, porém, não volta atrás, e não são raros os casos daqueles que "chutam o balde" e destroem o lar, em busca de uma jornada de libertação. Porém, quando querem voltar, encontram apenas corações quebrados e almas doloridas para recompor.

A força da moderação é uma das mais simples de ser assimiladas. Muito sal é tão ruim quanto pouco sal. Muita pimenta faz mal, mas com moderação ela deixa os alimentos mais saborosos.

Como vimos no capítulo sobre os tipos de pais, a questão não é ser uma coisa ou outra, afetivo ou firme, e sim amoroso e cuidadoso.

Como desenvolver esta força?

↳ Valorizar os acertos na mesma intensidade em que apontar os erros. Apontar claramente seu desagrado quando um filho erra e saber valorizar quando ele acerta. Quando isso não é feito, o jovem pode aprender que chama mais a atenção quando erra, e acaba sendo essa a sua forma de ter a energia dos pais voltada para si. Isso cria um hábito de autodestrutividade para ganhar afeto.

DEZ FORÇAS DA ALMA NA FORMAÇÃO DO CARÁTER DA FAMÍLIA

↪ Usar o princípio 90/10 com a alimentação. Em casa, em 90% das vezes consomem-se alimentos adequados e em 10% das ocasiões come-se o que se quer. Isso permite ter o refrigerante, o bolo, o doce, mas mostra que os pais sabem dosar a liberdade (de querer) com a afetividade (do proteger). A criança aprende a conter seus impulsos. O mesmo vale para o seu dinheiro.

↪ Não ter medo de dizer as verdades. Mas falar com jeito.

↪ Não ficar com dó de fazer o filho deitar-se, mesmo que não esteja com sono, pois ele ficará na cama lendo, pensando na vida e em algum momento irá relaxar e dormir.

↪ Cumprir as punições até o fim.

↪ Cumprir com sua palavra.

↪ Ser coerente com a força das broncas, sabendo dosar a intensidade e o ato. Se tudo gera grito e tapa, a criança não aprende o que é importante e o que não é.

↪ Ao repreender, mostrar sempre que está irritado com o comportamento, mas não dizer que o filho "Não sabe de nada", "Não vale nada", "Não é confiável".

Seria terrível se o filho acabasse acreditando mesmo nisso, não? Vamos aos princípios da educação focada:

1) **Foco na ação:** Em vez de dizer: "Seu boca suja, você é malcriado!", falar: "Esta forma de falar é inaceitável aqui em casa, aqui ninguém xinga ninguém".

2) **Foco no momento presente:** Em vez de dizer: "Nós sempre nos decepcionamos com você", falar: "Esta sua atitude não é legal. Pode parar já".

MEU FILHO CHEGOU À ADOLESCÊNCIA, E AGORA?

3) **Foco em como melhorar:** Em vez de dizer: "Não faça assim", falar: "Eu quero que você se comporte assim".

4) **Foco em um fator motivador, apontando caminhos:** Em vez de dizer: "Não dá para confiar em você", falar: "Você é uma pessoa legal, e este comportamento não combina com você. Vá lá e peça desculpas".

Mesmo em situações delicadas, quando estamos decepcionados, irritados ou magoados com o outro, não devemos ofender, bater, xingar, muito menos humilhar ou nos calar. Essas posturas mostram que o líder da casa perdeu o controle de si mesmo.

É nos momentos de mais dificuldade que as forças da alma nos ajudam a permanecer no caminho da luz. Elas mantêm o lar como um lugar sagrado e não nos permitem soltar a mão ou as palavras indistintamente, pois isso pode criar traumas, atos humilhantes e situações desagradáveis que até resolvem a situação naquele momento, mas poderão destruir toda a confiança construída por muitos anos.

Por isso a moderação é tão importante, pois ela nos mantém no eixo, mesmo diante dos fortes ventos da formação dos filhos. Afinal, quem é o capitão da sua casa? Quem comanda o seu lar? Você ou seus filhos?

Ser um pai ou mãe participativos significa ter a coragem de não largar o leme do barco mesmo nas maiores tempestades da vida. É sobre isso que trata a próxima força.

# 7ª força: Coragem

Coragem significa agir com o coração. Costumamos associar a coragem à força, destemor, determinação e superação. Essa força estaria

DEZ FORÇAS DA ALMA NA FORMAÇÃO DO CARÁTER DA FAMÍLIA

associada à perna direita, e vem daí a expressão "começar com o pé direito", que usamos quando dizemos que alguém começou com muita energia um projeto.

Tudo isso está relacionado a essa força importante para a formação e para a sustentabilidade de uma família funcional. Não basta a energia inicial, o desejo de acertar, os votos de casamento feitos com pompas e honrarias se no cotidiano não houver a força da coragem para manter os laços de confiança que impedem a formação de nós problemáticos nos relacionamentos.

É preciso coragem para amar profundamente, pois o amor não se basta com palavras, ele precisa de gestos. O amor não se supre com promessas, precisa de ações comprometidas. O amor não vive apenas de sentimentos e sim por meio de comportamentos concretos.

Um pai pode dizer que ama seu filho, mas, quando falta sistematicamente aos seus jogos na escola, contradiz as suas palavras. Uma ou outra vez um filho consegue entender, mas, se a ausência do pai é frequente, ele sente que não é importante e ponto final. Daí a passar a fazer mal a si mesmo é um passo.

Na adolescência, esse garoto tenderá, segundo diversos estudos, a maltratar as mulheres ou a ser frio com elas, pois as garotas irão querer dele trocas emocionais com as quais ele não está acostumado. Ele pode, ainda, colocar-se submisso a elas, numa tentativa de obter o afeto que lhe faltou em casa.

Filhos que crescem com uma boa imagem do pai tendem a querer no futuro formar a sua família. Uma mãe pode dizer que ama a filha, mas, se quando escova os seus cabelos ou a ajuda a escolher uma roupa para uma festa fica reclamando, a menina sente que é um problema e tenderá a evitar a mãe, ou poderá jogar sua revolta contra si mesma, encontrando namorados que a maltratem, tirando notas ruins na escola ou mesmo formando uma imagem pessoal negativa, uma baixa autoestima.

MEU FILHO CHEGOU À ADOLESCÊNCIA, E AGORA?

Da parte da menina, a falta da presença do pai pode acarretar promiscuidade como forma de autoafirmação, além do fato de que elas tendem a não confiar nos homens.

A falta de presença da mãe para as meninas pode acarretar sérias dificuldades de sociabilidade, pois a moça acaba não sabendo direito como formar e manter laços de cumplicidade com as amigas.

A falta de presença da mãe para os meninos pode gerar dificuldade de confiar nas garotas, levando a um esfriamento das emoções, ou a uma indisposição crônica de relacionar-se, como forma de defesa contra um sofrimento sentido dentro de casa. Ao não se aproximar delas, o garoto não se frustra de novo com a falta de carinho percebida na relação com a mãe.

Pouco antes de finalizar este livro, atendi a *SONIA, 16 ANOS,* que sofria demais com um namorado de 20 anos. Ele a desejava muito, era muito amigo e querido, mas, toda vez que eles ficavam juntos por muito tempo, ele depois fugia dela, sumia do mapa e a deixava sem saber o que fazer nem sentir.

Demorou para que ela percebesse que essa enorme dificuldade de ele vincular-se não era necessariamente desamor, e que isso poderia ser um reflexo do receio do garoto por intimidade, pois, para ele, entregar-se poderia ser uma experiência desconhecida e ameaçadora. Ela concordou que confiar, para o seu namorado, era muito amedrontador, ele já tinha dito isso a ela. Lembro-me de uma sessão muito emocionante em que ela trouxe o rapaz ao meu consultório. Ele parecia ter um olhar bastante amoroso e direcionava a ela palavras carinhosas e gentis. Quando ela lhe perguntou sobre o porquê de seus sumiços depois de momentos lindos de intimidade, ele me olhou e seus olhos se encheram de lágrimas. Ficamos nos olhando em silêncio e ele baixou a cabeça. Aproximei-me dele e toquei seu braço com carinho. Ele retirou o braço, fechando-se. Entendi

204

DEZ FORÇAS DA ALMA NA FORMAÇÃO DO CARÁTER DA FAMÍLIA

a dica. Quando ele me olhou de novo, perguntei com todo o respeito se ele estava acostumado a ser bem tratado, a ser olhado, a ter carinho. Foi então que o rapaz desmontou e chorou muito, dizendo: "Vocês não entendem nada, me deixem, eu não cresci neste mundo de vocês. Vocês não sabem como é lá em casa, ninguém nem se olha, eu fico semanas sem ver minha mãe. Não sei lidar com essas coisas que para vocês são fáceis. Sumam da minha vida, vocês dois!".

Então eu lhe disse: "Não vou sumir da sua vida, meu amigo, nem sua namorada, que te ama. Quero entrar na sua vida para te ajudar, e quero que você perceba que a Sonia, que te quer bem também, quer o mesmo que você. Ela também quer se entregar a você, te deixar seguro. Ela só quer seu bem, meu caro, não vire o rosto para isso. Ela quer que você se permita confiar no amor dela".

"Eu não acredito em ninguém, em nada disso", insistiu.

Sonia me olhou com lágrimas nos olhos e repetiu quase as mesmas palavras minhas. Ele estava reticente. Respeitamos.

Foram necessárias algumas sessões para que aquele jovem casal pudesse construir os sinais claros de segurança de que ambos precisavam. Ela, filha de pai ausente; ele, filho de mãe ausente, estavam apenas recriando um no outro a pior das sensações que carregavam no coração: o abandono. Eles sabiam abandonar, mas não tinham coragem de amar, pois, na prática, isso era uma enorme ameaça. E se eles perdessem esse amor tão importante para ambos? E se um dos dois deixasse o outro? E se um dos dois fosse embora?

Em nossa última sessão, com ambos mais seguros, eu lhes disse o que penso sobre o amor: "Nada pode nos proteger da vida. Da mesma forma, não podemos garantir ao outro que não iremos mudar, nem que nossos sentimentos irão se manter para sempre. Por isso mesmo, o melhor que podemos fazer é agarrar com tudo as oportunidades que nos são oferecidas, ter dedicação com aqueles que amamos. Essa é nossa margem de manobra. O amor tem vida própria, não é obra dos homens,

MEU FILHO CHEGOU À ADOLESCÊNCIA, E AGORA?

e sim da natureza, ou de D'us, se preferirem. Na vida há amores que começam na adolescência e duram para sempre e há outros que se modificam e se tornam amizades bonitas ou importantes lições que nos fazem pessoas melhores. Eu mesmo levo no coração cada pessoa que foi marcante na minha vida. E cada amor que vivi valeu muito para mim, até mesmo para poder ajudá-los a acreditarem. Na vida, nada se perde, nem a esperança, até porque essa é propriedade nossa. Pessoas não são para serem possuídas e sim cortejadas, cuidadas, protegidas pelos laços que são formados e mantidos com a nossa coragem. E agora, meus queridos, quando vocês saírem por esta porta, lembrem-se de que terão sempre escolhas, e que essas escolhas não dirão nada sobre a vida em si nem sobre os outros, e sim sobre o seu próprio caráter. É preciso ser muito homem, muito mulher, muito gente, para amar de verdade, pois isso quer dizer se amar, no sentido mais profundo. Ao amar o outro, estamos nos dando de presente a coisa mais linda que se tem na vida, um coração quente que bate dentro da gente". O amor, desta vez, foi ouvido.

Filhos de pais indiferentes podem congelar-se. Mas felizmente um amor profundo pode curar e mudar tudo. Por isso muitos amores na adolescência são tão pouco compreendidos e até desprezados. Muitas vezes a paixão desmedida é uma tentativa desesperada de formar um laço de confiança perdido.

"Nada do que eu faço importa, meu pai nunca entra na minha. Ele confunde conversar com me entrevistar, Leo, ele faz dez mil perguntas e nem olha direito para mim. Ele sempre quer pôr a música dele, falar na hora que quer, ir aos programas que ele escolhe." Isso é do que se queixava *JOÃO PEDRO, DE 13 ANOS,* com relação a seu pai. O pior é que o pai pensava ser bastante participativo, pois para ele isso significava "obrigar" o filho

DEZ FORÇAS DA ALMA NA FORMAÇÃO DO CARÁTER DA FAMÍLIA

a estar consigo nas mais diversas situações. O que trabalhei com esse pai nas sessões de orientação foi uma mudança de percepção. Não importa tanto o onde se está e sim o como se está. Não importa tanto mandar e sim aprender a compartilhar. Não importa tanto mostrar força e autoridade, e sim criar um ambiente de confiança com o filho.

Como desenvolver esta força?

↪ Ter coragem de pedir a companhia dos filhos sem querer ser o dono do pedaço, sem impor todos os gostos e aprender com eles sobre seu mundo.

↪ Saber pedir desculpas sem entender isso como uma fraqueza e sim como uma lição de caráter e humanidade.

↪ Conseguir virar a página depois de uma discussão acalorada com o cônjuge e evitar deixar o clima pesado em casa.

↪ Buscar orientação com profissionais e outros pais quando se sentir perdido ou com medo.

↪ Abraçar e procurar sentir o calor do peito do filho, evitando contatos superficiais.

↪ Lembrar-se de agradecer o fato de ter uma família e dizer claramente aos demais o quanto os ama.

↪ Revelar um pouco de si para que os outros possam cuidar de você e ampará-lo.

↪ Permitir-se dizer "Não sei", "Vou pensar", "Depois voltamos a falar sobre isso", especialmente diante de pedidos em que sua intuição esteja ambivalente, para não cair na tentação das respostas prontas.

↪ Aprender que "obrigado", "por favor", "desculpe" e "com licença" são expressões de humanidade e não de fraqueza.

MEU FILHO CHEGOU À ADOLESCÊNCIA, E AGORA?

A coragem alcança seu grau máximo quando os pais se permitem perceber que cada comportamento que os irrita nos filhos é, de alguma forma, um eco deles mesmos. Assim, um exercício fundamental para a paternidade sadia é olhar para dentro de si e se perguntar não somente o que se quer da vida (ou dos filhos) e sim qual é o desafio que a vida impõe a cada momento. Diante de um problema, que tal se perguntar: o que a vida quer que eu aprenda, agora?

Isso quer dizer sair da reatividade e passar à proatividade. Aceitar que temos sempre algo a aprender exige uma alta dose de coragem, pois esse processo começa com uma reflexão sobre as influências que se teve dos próprios pais, para rever quais aquelas que se quer manter e quais as que se quer melhorar.

A força da perspectiva pode ajudar a perceber o todo, reconhecendo e zelando pela causa maior da missão de formar uma família da qual todos se sintam parte e em que todos participem uns da vida dos outros.

## 8ª força: Perspectiva

Há um ditado que diz que uma longa caminhada começa com o primeiro passo. Quando se pensa em formação de filhos, o raciocínio é o mesmo. Há que se lembrar que não chegamos a lugar algum sem a capacidade de perceber o todo. Sem um olhar amplo, a vida pode perder o sentido, as situações que nos levariam a importantes aprendizados seriam chamadas de problemas e faríamos dramas desnecessários.

Esta força, a perspectiva, que está relacionada à nossa perna esquerda, mostra o cenário todo, permitindo que orientemos nossas decisões diárias por meio de propósitos maiores. Ela nos leva a sentir felicidade por cada passo conquistado por nós ou alguém da nossa família,

## DEZ FORÇAS DA ALMA NA FORMAÇÃO DO CARÁTER DA FAMÍLIA

nos ajuda a ver o passar dos anos com mais leveza e nos permite aprender a perdoar a nós mesmos pelos nossos erros, bem como aos demais.

É a perspectiva que faz com que deixemos de idealizar os filhos e o cônjuge, querendo que eles sejam perfeitos, que não errem e não nos tragam problemas.

Esta força é muito importante, pois, ao abandonar as idealizações perfeccionistas, nos permitimos realmente focar, agradecer e apreciar o que temos na realidade. Isso nos leva a uma verdadeira gratidão em três diferentes níveis. ao perceber o que é, podemos ampliar, melhorar, aprimorar.

Quando se nega o que se tem, quando se age com revolta, com mágoa, nada há a fazer, pois a energia do pensamento está voltada à negatividade, o que nos deixa sem contato com o amor, que é a única força que transforma e nos dá vontade de cuidar para melhorar. Como vimos, o excesso de rigidez também impede o amor de fluir.

O primeiro passo para qualquer mudança é a aceitação do que se tem na realidade, para, a partir desta, conseguir melhorar.

"Foi só quando percebi que meu filho tinha reais dificuldades de concentração e que minha negação de que ele tomava Ritalina estava gerando sérios problemas em sua autoestima, que revi meus conceitos e aceitei que ter um filho com necessidade de tomar um remédio para concentração não fazia dele um filho-problema nem de mim um pai-que-falhou." *JOEL, 42 ANOS, PAI DE LUCAS, DE 14,* disse-me que o menino estava com sérios problemas escolares há dois anos e que ele, pai, se recusava a tratá-lo adequadamente, com medicação e treino de concentração, além de mudanças na rotina da família, para que todos ajudassem o jovem a organizar melhor sua vida escolar e pessoal. Tanto o pai como a mãe, sem olhar a vida do filho em perspectiva, estavam fazendo com que sua

MEU FILHO CHEGOU À ADOLESCÊNCIA, E AGORA?

vaidade ("Eu acho que", "Eu sei de tudo", "Nosso filho não tem nada sério") formasse um filho com graves dificuldades de vencer seu déficit de atenção. O pior é que, ao fazer drama com a questão do remédio, os pais estavam é protegendo a si mesmos ("Lá em casa ninguém tem problemas, muito menos meus filhos"), sem perceber o que seria melhor para o filho.

Jovens com esse tipo de dificuldade, quando não são tratados da forma adequada, acabam pensando que são "burros", que "não conseguem" aprender e que são inferiores aos demais. Bem dosada e gerenciada por um médico competente, a Ritalina (ou seus similares) pode fazer o cérebro funcionar adequadamente. Um jovem pode precisar de medicação para atenção como pode precisar de óculos para vencer sua miopia. Ninguém, nesses casos, tem culpa de nada. São questões da natureza que não nos cabe julgar e sim cuidar. E somente um psiquiatra, neurologista ou psicólogo pode diagnosticar adequadamente.

Ter perspectiva nos permite superar o pensamento excessivamente crítico diante de falhas. Com essa força, adquire-se a compreensão de que os outros são seres humanos que, como nós, erram, falham, temem e se mostram incapazes de nos satisfazer em certos momentos.

Viver em perspectiva é deixar de querer ter tudo, ser tudo, vencer tudo, poder tudo, viver tudo.

Nessa forma de ver a vida, cada vez que se recebe um "não", vem junto um convite a um crescimento pessoal, de alguma forma. Com um bom uso desta força, não há espaço para a indignação ou a mágoa em família. Aborrecimento sim, e este deve ser alvo de conversa, mas mágoa não, pois esta é uma forma de indignação, ou seja, de tornar o outro indigno de nosso afeto simplesmente porque nos decepcionou, porque foi humano e falhou (na nossa perspectiva).

DEZ FORÇAS DA ALMA NA FORMAÇÃO DO CARÁTER DA FAMÍLIA

Pais que vivem em perspectiva transformam as dificuldades que têm com os filhos em oportunidades para desenvolver habilidades que nem sabiam existir neles mesmos: a paciência, a persistência, um novo conhecimento. O filho é pouco motivado? Eis uma bela chance de rever seus conceitos sobre liderança. A filha não quer estar junto? Boa chance de rever conceitos sobre carinho, carisma, motivação e cumplicidade. Não é no filho que está o foco. É em você!

Pais com perspectiva percebem que os problemas não estão sempre nos outros: no filho, na esposa ou no chefe, e sim que a vida é como é, cabendo a cada um de nós colocar-se de modo proativo e flexível, responsabilizando-se cada vez mais pelos resultados que obtemos na vida.

Como desenvolver esta força?

↪ Abandonar idealizações irrealistas sobre os filhos, o cônjuge, os outros e sobre si mesmo.

↪ Aceitar que ser humano é poder falhar. Isso serve para um olhar mais compreensivo aos filhos e mais acolhedor consigo mesmo. Você não é, nem precisa ser perfeito.

↪ Parar de reclamar do que se tem e buscar as melhores formas de melhorar.

↪ Anotar datas importantes para dar presentes. Ter metas de crescimento e compartilhar com os demais as melhores formas de todos colaborarem, conforme sua responsabilidade e idade. Se há férias se aproximando e todos precisam contribuir para uma viagem, ou um passeio melhor, deixar isso claro. Se um dos membros da família está lutando contra o sobrepeso, todos devem ajudar com uma mudança no cardápio, como forma de solidariedade.

MEU FILHO CHEGOU À ADOLESCÊNCIA, E AGORA?

↝ Não ficar se comparando com outras famílias que, aparentemente, têm mais, podem mais e são melhores, pois cada lar tem seus aspectos valiosos e seus desafios.

↝ Antes de criticar os outros, perguntar-se qual é sua parcela de responsabilidade no que está acontecendo. A filha não respeita ninguém? Qual é a história desse comportamento? Onde o pai e a mãe estavam enquanto esse hábito foi formado? Com que atitude trataram essa questão? E, especialmente, perguntar-se qual é a melhor atitude diante dessa situação.

↝ Lançar um olhar para o todo, pensando no que se pode aprender com cada situação vivida.

↝ Diante de problemas, perguntar-se: "Isso é um problema mesmo, ou é apenas a minha recusa em mudar, crescer, rever alguma postura?".

# 9ª força: Ação

De nada adianta querer se ao desejo não é designada a energia para a realização. Agir pela, para e com a família significa colocar essa dimensão da vida como uma prioridade, como algo realmente importante, a ponto de se organizarem metas e objetivos individuais e conjuntos.

Dentro de uma família é preciso que haja espaço para as individualidades e para a construção de um projeto familiar maior. Se o filho adora passeios a céu aberto, em parques, por exemplo, e a filha adora passear no shopping, é importante que, de tempos em tempos, os pais levem um ao programa "do outro".

Claro que o filho não vai a-d-o-r-a-r andar pelas lojas e pode ficar pedindo para ir embora. É nessa hora que, com firmeza e afeto, falando claro, olhando nos olhos e em tom amoroso, os pais devem

## DEZ FORÇAS DA ALMA NA FORMAÇÃO DO CARÁTER DA FAMÍLIA

dizer: "Hoje vamos fazer o programa da sua irmã, pois ontem fizemos o seu".

Deixar o filho em casa só para evitar cara feia pode resolver insatisfações no curto prazo, mas, ao treinar ceder aos desejos do outro, os pais estão fazendo um grande favor ao filho e aos que conviverem com ele no futuro. O mesmo vale para os desejos e programas dos pais. Aprender a conviver é aprender a ceder. Será que não é melhor revezar a estação do rádio (cada dia um escolhe) que cada um ficar com seu MP3 no ouvido?

Será que não é melhor cada um aprender a ver um pouco o programa do outro que cada um ir para o seu quarto assistir à sua própria televisão?

Será que ceder um pouco não pode nos fazer ter e viver com muito mais afeto em família?

Nada mais triste do que famílias que jantam juntas em que ninguém fala com ninguém, o filho fica no SMS com os amigos, a filha olhando suas mídias sociais, o pai no BlackBerry e a mãe triste com tudo isso, sem falar nada. Isso é estar em família?

Há que se ter o momento de cada um fazer o que deseja e o momento de partilhar a alegria de estar junto, cedendo, para fazer o outro feliz. Nem sempre as crianças entendem isso, nem ficam felizes de ter de entrar na onda do outro, mas na vida adulta lembrarão disso como um valor que seus pais lhes deixaram. Não há melhor treino de trabalho em equipe do que o convívio familiar.

Os programas de lazer, as férias, e até mesmo o orçamento familiar, dentro da possibilidade de cada um, devem ser debatidos entre os pais e os filhos. Se os filhos não sentem que suas opiniões são levadas em conta, tendem a se calar ou a se afastar do convívio familiar. Claro que se tudo que eles querem é sempre atendido, ironicamente, também se desmotivam e tornam-se tiranos.

## Como desenvolver esta força?

↪ Dizer "Não quero", "Não gosto", "Não concordo" ou "Quero", "Gosto", "Decidi", "Escolhi", "Sim, iremos lá", sem se sentir culpado. Você existe e tem o direito de se colocar, especialmente nas situações em que não se negocia: saúde, educação e respeito.

↪ Colocar energia no que se faz: não jantar assistindo à televisão, não acompanhar o jogo do filho trocando mensagens de trabalho, não mandar comprar qualquer presente para a esposa.

↪ Mostrar motivação ao chegar em casa. Teve um dia difícil? Fique mais alguns minutos no carro, acalme-se e permita-se estar no seu eixo quando entrar em casa. Os que estão lá lhe querem bem, são seu porto seguro e merecem receber um pai ou uma mãe querida de volta depois de um dia inteiro longe deles. Seus filhos e talvez seu cônjuge podem ter esperado ansiosamente pelo momento de revê-lo. Não é assim que você faz antes de uma importante reunião? Antes de entrar em casa, pense que está numa reunião com os presidentes do seu coração.

↪ Sempre que puder, cozinhe para seus filhos. Eles precisam vivenciar, de tempos em tempos, esse ritual. O cheiro, o gosto e a atitude dos pais cozinhando para eles traz aos filhos uma sensação de conforto e afeto muito especial.

↪ De vez em quando, é bom que todos participem de uma atividade doméstica juntos. Pode ser apenas lavar o carro ou dar banho no cachorro. Da mesma forma, também é valioso que seus filhos e seu(sua) parceiro(a) olhem você fazendo algo pela casa. Não faça escondido, deixe que vejam mesmo. Ao perceber seu zelo, eles aprendem uma importante lição: amor não se traduz apenas em palavras, mas também em atos.

## DEZ FORÇAS DA ALMA NA FORMAÇÃO DO CARÁTER DA FAMÍLIA

# 10ª força: Espiritualidade

Esta força pode ser mais facilmente alcançada em famílias que estejam mais próximas de uma atividade religiosa regular e organizada, mas não somente nesses casos. Muito mais do que seguir, ou não, certos rituais desta ou daquela tradição religiosa, o que mais importa no sentido de desenvolver esta força é a forma como uma pessoa se relaciona consigo mesma e com seus semelhantes.

Há céticos que têm mais espiritualidade do que certos fanáticos religiosos, que temem a D'us, mas se permitem maltratar outros seres humanos. Não consigo acreditar num D'us que permitisse maus-tratos a um de seus "filhos". Falo aqui, então, de uma atitude espiritualizada, que, no meu entender, é uma atitude em relação à vida.

Acredito especialmente que os pais possam se basear tanto em uma postura religiosa como em valores humanos universais, seguindo aqueles balizados pela Convenção da Organização das Nações Unidas (ONU), como uma das melhores formas de se formar o caráter de filhos sadios, felizes e comprometidos com valores e questões que estejam além deles próprios.

Viver uma vida espiritualizada é voltar nossos pensamentos, emoções e atitudes a uma maneira de perceber a existência em sua plenitude e zelar por tudo que diga respeito à vida, ao amor e ao crescimento individual e grupal. Tudo aquilo que considera a vida, a saúde e a dignidade passa a ser "sagrado".

Da mesma forma, o que ofende o outro, o que desconsidera o valor de alguém ou de algo na natureza é banido da mesa, das conversas, da vida de casa. Pais que desejam viver de forma espiritualizada ajudam seus filhos a perceberem que devem direcionar suas ações, pensamentos e desejos para servir ao mundo, em projetos de ganha-ganha.

Os pais, nessa perspectiva, ajudam seus filhos, pelo exemplo, a perceberem que a verdadeira satisfação está em fazer o certo para obter um sono tranquilo, não para ganhar algo em troca. Eles mostram aos filhos o caminho certo e se sentem satisfeitos com isso, por serem pessoas de bem.

Filhos assim aprendem a não se arrogar direitos que não existem, a não furar fila e a não maltratar os demais. Não cortam caminhos pelos atalhos das ações indevidas. Eles conseguem considerar as necessidades dos outros como tão legítimas como as suas, pois foram considerados em casa.

Esses pais ajudam os filhos a não serem egoístas e a se doarem, pois eles mesmos se doam dentro de casa, ajudando ao cônjuge e a cada um dos membros da família. Também mostram que ajudar a todos é importante e não se dedicam apenas ao filho com o qual têm mais facilidade de relacionamento.

Pais com um grau alto de espiritualidade permitem que seus filhos expressem seus desejos, seu cansaço, seu aborrecimento, mas não aceitam deles menos do que podem dar, nem notas menores do que podem render.

Eles ensinam que levar uma vida voltada apenas a prazeres imediatos é tão danoso quanto cortar as raízes de uma planta, por saberem que a necessidade é a mãe da vontade.

Esses pais sabem que da frustração pode emergir o espírito empreendedor no futuro. Não costumam gritar, nem ser indiferentes aos pedidos e manhas dos filhos, pois sabem que, como adultos da casa, cabe-lhes o sim e o não na definição dos valores do lar, bem como dos gastos e das regras.

Pais participativos, que cultivam a espiritualidade em casa, percebem que ao educar os filhos com todas as suas forças estarão

DEZ FORÇAS DA ALMA NA FORMAÇÃO DO CARÁTER DA FAMÍLIA

cumprindo seu papel social e deixando um grande legado para a humanidade. Esses pais sabem que os filhos levarão em seus comportamentos diários uma mensagem do bem e que seu bom caráter irá impactar muitas outras vidas. Pais que educam dessa forma fazem toda a diferença. São eles que formam os médicos que se importam, os terapeutas que se importam, os engenheiros que se importam, os profissionais de segurança que se importam e tantos outros, que se interessam de verdade em atender e servir bem à sociedade e àqueles que precisam de seu trabalho. Esses filhos entendem que seu trabalho é uma forma de servir e não de se servir dos outros. Sua forma de ver a vida e o trabalho é interdependente.

Eles aprendem também a expressar gratidão pelo que lhes é dado, e a enfrentar com atitude proativa tudo que a vida lhes coloca no caminho, sem se perder na manha, na birra, na agressividade ou no atalho.

Esses filhos aprendem desde cedo a oferecer seu melhor aos outros, pois sabem que a verdadeira alegria é ter o que oferecer, e que para doar temos de nos sentir grandes, plenos, dotados de algo especial. Quando nos percebemos plenos de luz, podemos deixar o caminho dos outros mais iluminado também. E todos podemos. Quando os filhos sentem que são importantes, que seus pais os consideram, têm muito menos chances de se tornarem adultos cínicos, indiferentes, que fazem as coisas sem alma, sem vontade, sem interesse genuíno pelos demais.

Ao mostrarem que se importam de verdade com seus familiares, esses pais transmitem a seus filhos um senso importante de cidadania: a alegria por compartilhar, por considerar o outro, por pertencer e por ajudar. Como diria Mário Quintana: "O mundo tem tantas pessoas, mas sinto falta de gente".

Se você, de alguma forma, também sente falta de gente no mundo de hoje, não se incomode apenas. Mobilize-se, faça como sabe que deve ser feito, use todas as suas forças. Se algum dia se perceber desanimado e com a ideia de que "hoje em dia ninguém se importa", não desista. Se você se importa, lembre-se de que você não é "todo mundo", e sim alguém especial, que tem valores no coração e princípios do bem na mente. Você pode fazer algo importante pela nossa sociedade. Todos podemos fazer alguma coisa, todos somos responsáveis de alguma forma.

Exatamente neste momento há muitas outras pessoas que se importam e que merecem que seu filho seja formado no bem, para o bem, com o bem dentro do coração.

Cada gota de amor despejada no coração de um filho pode fazer surgir um jardim de alegria no mundo exterior, pois cada vida que sai de sua casa impacta a vida de muitas outras.

Ao cuidar do seu filho, você pode estar, sem perceber, cuidando de formar a atitude certa daquele que poderá, no futuro, construir uma casa onde um filho meu irá morar, os medicamentos que poderão, no futuro, salvar a vida de uma neta minha, ou mesmo formando o professor que irá um dia inspirar os filhos dos filhos daquelas pessoas que você mais ama. Seu filho pode ir para a vida adulta com esse senso de responsabilidade e força interior, se for também formado com intenso amor e presença cuidadosa.

Se cada pai tiver a percepção de que de dentro de seu lar pode ser formada uma nova geração de pessoas cheias de vida e luz interior, podemos ter uma juventude mais feliz, mais sadia e mais fortalecida em seus valores.

Em um mundo tão incerto, cada vez mais se faz necessária a aplicação de todas as forças naquilo que nos é sólido e cristalino: nossos valores humanos mais profundos, nosso real respeito e consideração com toda forma de vida no planeta e com a disseminação de uma cultura de amor e respeito mútuo. Isso, para mim, é formar

DEZ FORÇAS DA ALMA NA FORMAÇÃO DO CARÁTER DA FAMÍLIA

uma família, construir o seu legado, fazer a sua parte, como muitos pais estão, neste momento, já fazendo.

Esses pais têm menos problemas? Não, pois eles não fecham seus olhos. Eles sofrem menos? Não, pois enfrentam as suas questões. Eles têm uma vida mais divertida? Nem sempre, pois educar envolve doação e energia.

De onde, então, eles obtêm a força para voltar ao seu eixo quando são desafiados? Onde encontram a paz para se acalmarem e não agredirem seus familiares quando são provocados? Onde encontram a motivação para fazer o certo em um mundo tão indiferente?

As dez forças da alma trazem um senso de valor muito particular. Ao praticar essas forças no cotidiano, nos conectamos com nossa alma, aquela porção elevada de nossa vida que não está em lugar algum do corpo, que não se vê nos exames de raio X nem nas tomografias mais apuradas.

A alma é aquela porção de nós que se encanta, que é sutil, que nos devolve a sensibilidade diante de fatos, pessoas e situações na quais nossas emoções são postas à prova.

Educar com alma significa obter uma fonte renovável de força. A palavra alma vem do latim *anima*, de onde se deriva, por exemplo, "animação". Isso explica tudo.

Pais conectados com sua alma se sentem animados a fazer o certo. Esses pais não são reativos, passivos, cínicos, nem acomodados. Eles sentem que a vida é sua e que são pessoas únicas, especiais, que vieram para a vida com a finalidade de aprender, de evoluir e de se tornarem pessoas melhores.

Eles não escolhem dia bom ou ruim para fazer o certo. Eles o fazem porque acertar, colaborar e amar são sua missão, seu desejo profundo.

Esses pais sabem que a maior dor que uma pessoa pode sentir é chegar ao final de sua vida e perceber a distância entre a pessoa que se foi e a pessoa que se poderia ter sido. Como você quer chegar ao final da sua vida?

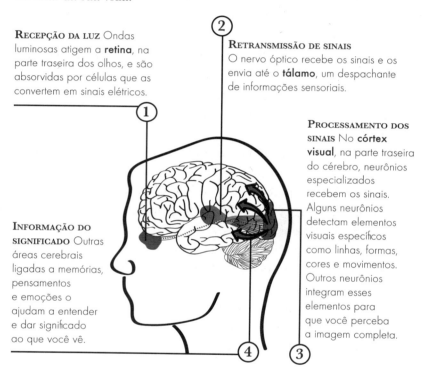

**RECEPÇÃO DA LUZ** Ondas luminosas atigem a **retina**, na parte traseira dos olhos, e são absorvidas por células que as convertem em sinais elétricos.

**RETRANSMISSÃO DE SINAIS** O nervo óptico recebe os sinais e os envia até o **tálamo**, um despachante de informações sensoriais.

**PROCESSAMENTO DOS SINAIS** No **córtex visual**, na parte traseira do cérebro, neurônios especializados recebem os sinais. Alguns neurônios detectam elementos visuais específicos como linhas, formas, cores e movimentos. Outros neurônios integram esses elementos para que você perceba a imagem completa.

**INFORMAÇÃO DO SIGNIFICADO** Outras áreas cerebrais ligadas a memórias, pensamentos e emoções o ajudam a entender e dar significado ao que você vê.

---

Esta interessante imagem nos mostra um dado impressionante: efetivamente não vemos com os olhos. Estes funcionam apenas como receptores dos impulsos luminosos do meio ambiente. As imagens chegam ao cérebro pela retina e são distribuídas para diversas partes do cérebro, por meio do tálamo, bem no meio da imagem. Deste, os impulsos são conduzidos para a córtex visual, na parte de trás da cabeça, e no momento seguinte o hipocampo (que rege as emoções e significados) é acionado, para que possamos decodificar o que vemos. Por esse mesmo mecanismo é fundamental investir todos os esforços para que se formem significados sadios sobre a vida, sobre o amadurecimento, sobre o futuro. É a partir do que se pensa que se percebe a realidade exterior. Há mais de 3 mil anos já se sabia o que hoje a neurociência comprova: pensar bem é viver bem.

# EDUCAR COMO UM ATO SOCIAL: MAIS BENEFÍCIOS DO ENVOLVIMENTO DOS PAIS NA EDUCAÇÃO ESCOLAR

**PROJETO DE VIDA** e **ESCOLHA PROFISSIONAL...** na prática

*FERNANDO PESSOA* nos desafia num belo poema: "Tudo vale a pena se a alma não é pequena". E completa: "D'us ao mar o perigo e o abismo deu, mas nele é que espelhou o céu". Busquemos, pois, o horizonte, sem medo de dar ao mundo o melhor. Isso é sinônimo de eficiência, dar o melhor de si, uma atitude de caráter: no mundo corporativo, nossas ações atingem outras pessoas. Somos responsáveis não só pelo nosso ato, mas por seu impacto em outras pessoas.

Por outro lado, não realizar um trabalho da melhor forma, não se dedicar na realização de um produto é prejudicar o próximo. Imagine um carro malconcebido e os riscos que pode gerar. Ou uma cirurgia malfeita, uma informação deformada. Nessas atitudes não empreendedoras, há riscos deflagrados pela negligência. Você certamente não quer que seu filho se torne uma pessoa assim!

*A filha da família A está no último ano do ensino médio e quer prestar vestibular para o curso de Publicidade e Propaganda. Após realizar uma profunda pesquisa, ela está em dúvida entre três faculdades: uma pública e duas particulares. Porém, seus pais já afirmaram que a única universidade boa é a pública, e por isso ela nem deve desperdiçar seu tempo considerando as outras, pois esta é sua única opção. Eles deixam bem claro que não irão pagar o curso numa instituição particular.*

# Que TIPO de família é a SUA?

*A filha da família B está no último ano do ensino médio e quer prestar vestibular para o curso de Publicidade e Propaganda. Após realizar uma profunda pesquisa, ele está em dúvida entre três faculdades: uma pública e duas particulares. Seus pais, depois de se informarem sobre as opções que ela avaliou, conversarem com amigos que trabalham em grandes empresas e consultarem rankings atuais sobre instituições de ensino, apoiam-na a escolher qualquer uma das três, pois têm ótimas referências dessas universidades no curso que ela pretende fazer. Porém, são bem claros em relação à quantia com que poderão ajudar se ela quiser mesmo cursar uma instituição privada, dizem que ela poderá trabalhar e ajudar a pagar parte da mensalidade.*

s filhos precisam do apoio de seus pais para alcançarem seu melhor desempenho escolar e acadêmico. Sozinhos, nem sempre conseguem a motivação, a disciplina e a força de vontade para realizarem seu potencial de forma plena.

Isso significa que a educação é um projeto de toda a família. Família é aquilo que nos é familiar, comum, que diz respeito a todos. Se um filho é bem-sucedido nos estudos, isso tem um impacto na vida dele, de seus pais e mesmo na sociedade, que no futuro poderá contar com uma pessoa mais bem preparada, um cidadão mais bem formado em seus valores e um profissional melhor.

Criar um filho é uma missão da família, mas com impacto em toda a sociedade. É um ato cidadão.

Da mesma forma, quando um filho não tem sucesso nos estudos ou tem sérios problemas em seu desenvolvimento, além de seu

MEU FILHO CHEGOU À ADOLESCÊNCIA, E AGORA?

próprio sofrimento, sofrem também seus pais e provavelmente isso terá um impacto na sociedade — seja porque essa pessoa não se tornará um profissional qualificado e comprometido, seja porque, ao ser infeliz ou irrealizado, esse indivíduo poderá fazer uso de drogas, álcool ou mesmo ter atitudes inadequadas, como a violência ou a dependência — de seus familiares, de um cônjuge ou do governo. Cada pessoa que não se eleva pesa a todos nós no futuro.

Diversas pesquisas internacionais demonstram que pais que gostam da escola e que se integram a ela acabam por passar isso para seus filhos. Pais de famílias tradicionais, com maior nível educacional, de bom poder aquisitivo e que não apresentam dificuldades de integração com a língua do país tendem a se mostrar mais abertos a participar da educação de seus filhos.

Pais asiáticos, pais de origem judaica e outros imigrantes costumam motivar bastante seus filhos para que estudem com afinco. Esses pais interessam-se muito pela educação dos filhos, a ponto de passarem muito tempo estudando com eles. Para esses pais, faz parte de sua missão andar ao lado dos filhos no caminho do seu amadurecimento.

Todos conhecem a importância que os asiáticos dão aos valores humanos, como a sabedoria milenar e a filosofia. Todas as formas de conhecimento são muito valorizadas na cultura oriental. Isso sem contar o respeito que nutrem e a consideração com que tratam os mais velhos.

O que se observa é que a valorização do conhecimento pelas famílias e pela sociedade gera resultados positivos.

As pesquisas mostram também que pais cujos filhos demonstram melhores notas tendem a participar mais da educação. Isso faz sentido. Para receberem elogios, os pais se sentem mais à vontade em frequentar o ambiente escolar.

## EDUCAR COMO UM ATO SOCIAL: MAIS BENEFÍCIOS
## DO ENVOLVIMENTO DOS PAIS NA EDUCAÇÃO ESCOLAR

Se um pai percebe que o filho tem atitudes contrárias a um bom desempenho — dorme tarde, não lê, não quer fazer as lições de casa — e deixa por isso mesmo, não tem o direito de se surpreender no final do ano. Essa atitude de descaso não é "um problema do filho" e sim uma questão de todos nós.

Se um filho meu estiver embriagado, pode impactar negativamente a vida de muitas outras pessoas ao dirigir com imprudência. Se um jovem não amadurece e não ocupa seu lugar no mercado de trabalho, mantendo-se dependente de seus pais, não é apenas ele que não cresce, mas acaba por impor a seus pais que cuidem dele por um período maior do que seria necessário.

Se um médico não se atualiza, poderá ferir seus pacientes, da mesma forma que um arquiteto desatento pode prejudicar os futuros moradores de uma casa mal projetada. Se eu não cuidar de um filho, poderei prejudicar até você, pois imagine que um dia você o contrate para um serviço que será malfeito, por ter desenvolvido um hábito de fazer as coisas de qualquer jeito. Sim, meu filho afetará você, seu filho, ou até seu melhor amigo, cedo ou tarde.

Entre em qualquer mídia social (Orkut, Facebook, Twitter...) e veja como é fácil ver como estamos todos relacionados. Nicholas Christakis, um dos mais influentes cientistas sociais da atualidade, mostra em seu livro *O poder das conexões* que somos afetados pelos amigos de nossos amigos em nossas crenças, hábitos, renda e de muitas outras formas.

A vida é um ato contínuo, e as nossas ações têm consequências de complexidade e reverberação crescentes. A pessoa que somos na infância influencia o modo como chegamos à adolescência e o tipo de adolescente que somos impacta no tipo de adulto e de profissional que seremos.

Por isso, criar um filho é um compromisso com toda a sociedade. Cada um cria filhos que irão impactar na vida de muitas outras pessoas, pois vivemos em uma enorme rede de interdependência social. Crescer em um ambiente sem pais participativos pode ser nocivo para o indivíduo e para toda a sociedade, é uma questão pública e não apenas privada.

# ALGUNS ESTUDOS MOTIVADORES SOBRE A PARTICIPAÇÃO DOS PAIS NA EDUCAÇÃO ESCOLAR

**PROJETO DE VIDA** e **ESCOLHA PROFISSIONAL...** na prática

*ESTUDOS SOBRE O SUCESSO* no projeto de vida indicam estas competências:

**Persistência** – grandes profissionais erraram muito antes do sucesso. Livros campeões de vendas foram rejeitados por editoras. Ao perseverar, apostamos na parcela da realidade pela qual somos 100% responsáveis: nossos atos e o número de vezes que tentamos realizar nosso projeto. **Otimismo** – há empresas que preferem profissionais com alto nível de otimismo, pois isso os faz persistir nas dificuldades. **Formação** – onde e com quem encontrar informações, ler a realidade, fazer análises, pesquisar, isso faz a diferença; conhecimento não pesa nada e vale tudo. **Inovação** – em um mercado exigente, aperfeiçoar-se é sinal de inteligência. Isso faz as empresas e produtos sobreviverem. **Significado** – é o que motiva, o que nos faz ir além, para iluminar a vida daqueles a quem servimos.

*Os pais da família A são executivos importantes e trabalham muito, por isso seus filhos ficam o dia todo na escola e às vezes com as avós. Aos fins de semana, as crianças querem sair e se divertir com os pais, mas estes querem aproveitar para descansar e sempre acabam levando-os a casa de amiguinhos, impondo sempre o programa de fim de semana, sem perceber que os filhos querem curtir os pais.*

# Que TIPO de família é a SUA?

*Os pais da família B são executivos importantes e trabalham muito, por isso seus filhos ficam o dia todo na escola e às vezes com as avós. Aos fins de semana, as crianças querem sair e se divertir com os pais e estes aproveitam para ficar com os filhos. A cada fim de semana uma pessoa elege o passeio que gostaria de fazer. Eventualmente deixam os filhos sozinhos com amigos, mas sempre abastecem o coração deles antes com algumas semanas seguidas de afeto e segurança. Quando os pais estão muito cansados, demonstram isso claramente aos filhos.*

m estudo realizado em Michigan (Fox, 1964) pesquisou 727 alunos de escolas públicas para descobrir quanto as expectativas dos pais realmente influenciavam nos resultados das crianças. Quando percebiam-se apoiadas e sentiam que as expectativas de seus pais eram altas, elas usavam mais suas habilidades cognitivas (comparando seus QIs com os de outras crianças), tinham maior autoestima, mostravam atitudes mais positivas e se ajustavam psicologicamente melhor na escola.

Na Inglaterra (Schaefer e Edgerton, 1974) foi realizado um estudo no qual foram analisadas 5 mil crianças do ensino fundamental. Os professores registraram o interesse percebido pelas crianças sobre suas tarefas em casa e o número de vezes que os pais visitavam a escola. A participação dos pais foi classificada de três formas: alta, média e baixa. Em crianças de 8 a 11 anos de idade, os níveis mais altos obtidos nos testes de inteligência foram os de alunos cujos pais

MEU FILHO CHEGOU À ADOLESCÊNCIA, E AGORA?

mostraram maior interesse. Quanto mais os pais estavam presentes em reuniões e observavam a vida escolar dos filhos de perto, melhores os resultados alcançados.

Os mesmos resultados foram obtidos em crianças do ensino médio, em estudo similar. Ao examinarmos a relação entre as expectativas dos pais e as atitudes das crianças na escola, concluímos que, quanto maiores as expectativas dos pais, mais as crianças se mostravam favoráveis à escola. Quanto mais o filho sentir que seus pais se importam e esperam dele um bom rendimento, maior a tendência de desenvolver uma atitude positiva em sua vida escolar.

Em outro estudo, de Csapo (1973) e Fairchild (1976), os pais foram instruídos a reforçar em casa, da mesma forma que os professores, os comportamentos adequados esperados dos alunos. O que se observou foi um ganho significativo nas atitudes consideradas adequadas em sala de aula por parte das crianças cujos pais foram orientados. Pais bem orientados podem formar crianças bem orientadas.

Em uma pesquisa realizada nos Estados Unidos por Mize (1977), os pais foram treinados e orientados a se tornarem mais envolvidos na educação de seus filhos. Eles passavam a entender melhor seus comportamentos e a encorajar os esforços realizados nas salas de aula. Filhos desses pais participativos mostraram rendimento significativamente superior ao dos demais, cujos pais não eram tão envolvidos, em testes de motivação à leitura, autoestima, atitudes acadêmicas e resultados de leitura.

O mesmo autor realizou estudos com pais que frequentaram cursos de fins de semana para discutirem formas de motivar seus filhos, juntamente com os professores. Os pais assinavam um termo de cooperação, no qual estava sendo solicitado que insistissem em que seus filhos estudassem por certo tempo a cada dia, visitassem a escola para falar com os professores ao menos uma vez durante o

## ALGUNS ESTUDOS MOTIVADORES SOBRE
## A PARTICIPAÇÃO DOS PAIS NA EDUCAÇÃO ESCOLAR

semestre, frequentassem as reuniões de pais e mestres sempre que possível e avaliassem as notas dos filhos, discutindo-as com eles. Os filhos desses pais mostraram significativos ganhos em seu desempenho escolar global.

Uma família que se envolve e que apoia os esforços educacionais faz com que a criança sinta uma segurança que a ajuda a enfrentar os desafios de desenvolver-se e crescer, tanto intelectual como afetivamente, tornando-se mais autônoma e confiante para realizar sua carreira acadêmica.

Se a escola abrir espaço para orientar os pais de forma a obter sua cooperação, todos saem ganhando. Há muitas outras pesquisas que apontam na mesma direção, do quanto é benéfica a participação e o envolvimento dos pais na educação.

Cabe, portanto, às escolas analisar as melhores formas de orientar as famílias que atendem, formando esta tão importante aliança na qual todos se beneficiam.

Csapo e Fairchild[1] (*apud* Ehrlich, 1981) realizaram vários estudos nos quais os pais foram instruídos a recompensar em casa os mesmos comportamentos incentivados na escola (por exemplo, fazer a lição de casa). A intervenção combinada entre casa e escola resultou em uma diminuição de comportamentos inadequados em sala de aula.

Em uma pesquisa encorajadora, os educadores Evans, Okifuji, Engler e Bromler (1993) descobriram que uma relação positiva da escola com os pais pode até reverter insucessos escolares. Em outras palavras, uma comunicação entre pais e professores realizada de forma positiva pode modificar a condição de alunos que tenham um baixo nível de aproveitamento.

---

[1] CSAPO, M. "Parent-teacher intervention with inappropriate behavior". *Elementary School Guidance and Couseling.* v. 7, p. 198-203, 1973.

FAIRCHILD, T. N. "Home-school token economies: Bridging the communication gap". *Psychology in the Schools*, v. 13, p. 463-467, 1976.

# CONCLUINDO

É importante que os filhos recebam uma educação coerente dos pais e que ambos, pai e mãe, estejam presentes em seu desenvolvimento. Mais do que uma tarefa do pai ou da mãe, ou dos avós, defendo uma participação de todos os membros da família na educação dos filhos. É melhor, mais inteligente e mais eficaz. Quanto mais familiar for a orientação dada, mais fortalecido será o caráter dos filhos.

Quando um filho sente em seu coração que seus pais e demais familiares se importam com ele, ao sentir o desejo de usar uma substância nociva, tenderá a lembrar que tem uma família que o ama e que ele ama. Ao sentir que pessoas tão importantes irão se importar com seu sofrimento, e que ferir essas pessoas não vale a pena, um adolescente pode ter mais força para escolher não se prejudicar.

O mesmo vale com relação à motivação para o estudo. Os filhos estudam para si, mas também para e por seus parentes.

CONCLUINDO

Nossa autoestima depende em parte da estima dedicada a nós. Se cada pai fizesse dez minutos diários de oração, certamente o índice de criminalidade em todo o País teria uma significativa redução. Bastariam cinco minutos de manhã e mais cinco à noite, antes do jantar. Coisa antiga? Muito ao contrário, nada mais moderno do que isso.

A neurociência mostra que há uma hierarquia de emoções, sendo as piores a mágoa, a raiva, o cinismo e a solidão. Na outra ponta, estão a gratidão, a leveza, o desprendimento, a doação e a confiança. Para se ter uma ideia, estudos internacionais mostram que, em cidades onde há determinada proporção de praticantes de meditação transcendental, o índice de criminalidade é reduzido.

A criança aprende rápido que, se ela se esforçar para alcançar uma meta importante para sua família, será recompensada por isso. Pense em como seria melhor andar em ruas nas quais cruzássemos com pessoas que se consideram, que percebem que o espaço público é algo que pertence a todos.

No Brasil, há uma onda crescente de cinismo e indiferença com o público. Veja com seus próprios olhos como é fácil uma pessoa jogar papel no chão, pichar um muro ou deixar um verdadeiro *tsunami* de sujeira após um show de música em que se divertiu e foi bem tratada.

Não são as crianças que estão sem limites. Nós é que temos vivido numa cultura que nos faz acreditar que, ao sermos livres, descolados e destacados, ao fazermos apenas o que nos dá na telha, iremos construir uma vida feliz. Porém, todos os estudos sérios sobre felicidade apontam que esta é obtida pela realização de metas significativas, por meio da doação e da construção de laços importantes que nos tragam a sensação de pertencer, de confiar e de amar e ser amados.

MEU FILHO CHEGOU À ADOLESCÊNCIA, E AGORA?

Veja os índices de desperdício, de endividamento, de obesidade, de violência, de acidentes nas estradas. Veja nosso rendimento escolar diante de outros países. Tudo isso é obtido por gente adulta que não tem noção de limites. Basta disso.

É por isso que escrevi este livro, pois educar, para mim, significa vencer o egoísmo, a falta de limites, o descompromisso com o outro e com nós mesmos.

Educar implica comprometer-se com um objetivo que é de médio e longo prazos: formar as futuras gerações com integridade e caráter. Nesse sentido, é uma ação de transcendência, de estar presente para brindar a vida daqueles que amamos com o nosso melhor.

Nossas crianças e adolescentes têm o direito de crescer com dignidade, de receber estímulos de forma adequada: nem com o exagero do autoritarismo, nem com o abandono da negligência ou da permissividade. As futuras gerações deste país merecem ser bem estimuladas, e também merecem a oportunidade de aprender a desenvolver seu cérebro de forma completa, sob pena de, não o fazendo, tornarem-se dependentes de drogas ou de outros.

A pior das drogas é a dependência emocional. Em função desta, do desejo de ser aceita, uma pessoa pode anular seus desejos, vender sua alma e protagonizar sua vida na ideia de que o mundo lhe deve algo. Se o que nos leva adiante é **ser** com integridade, **ser** por inteiro, **ser** presente, por que motivar apenas o ter?

Hoje, com tristeza, observo que nem vivemos mais em busca do ter e sim do parecer ter. Uma idolatria desenfreada de imagem, popularidade e sucesso a qualquer preço. Com cinismo e indiferença, podemos acabar criando uma geração de gente carente que não confia em si e não tece laços fortes com a vida, com os outros e com o futuro.

Justamente em função de tanta carência, nossas crianças e adolescentes acabam por depender da aprovação alheia. É isso que

## CONCLUINDO

tem destruído muitos dos projetos, ambições, interesses e sonhos de nossos adolescentes. Eles crescem sem ter quem os ensine a confiar em si e tornam-se pessoas perigosamente indiferentes.

Aprendemos a confiar em nós mesmos a partir de quanto nos sentimos amados nos primeiros anos de vida, de quanto fomos estimulados, considerados, cuidados, olhados.

O perigo da permissividade superprotetora é que ela não deixa um rastro de amor, e sim de dependência. Afinal, crescer acreditando que não precisamos fazer a nossa parte é uma das maiores ilusões a que podemos expor um indivíduo. Se não estivermos do nosso lado e não fizermos por nós mesmos, quem o fará? A sorte?

É perigoso e triste crescer acreditando que o mundo nos deve, pois podemos nos tornar desleixados e desinteressados com relação a nós mesmos e a nossa saúde. Podemos nos tornar cínicos nas relações com os outros. Quem sabe nos tornemos pessoas abusadas ou até violentas, já que não consideramos os demais. Até a recente onda de homofobia se explica também por isso: o afeto do outro, a liberdade do outro me ofendem, mexem com a minha paixão e o meu medo de sentir.

Pode ser, ainda, que nos tornemos apáticos, e assim, menos capazes ou inteligentes do que poderíamos ser, ou que nos tornemos viciados em algo ou em alguém. Tudo isso porque não desenvolvemos nossas próprias forças de caráter.

A educação autoritária, por outro lado, sobrecarrega o indivíduo, que cresce com culpa, medo de tentar, bloqueio para criar, tendência a se rebaixar em suas relações. E a educação negligente, o que dizer desta? Como obter saúde e felicidade tendo crescido em um ambiente no qual nos sentimos pessoas invisíveis? Como ver o futuro a partir da cegueira de nossos próprios pais em relação a nós?

MEU FILHO CHEGOU À ADOLESCÊNCIA, E AGORA?

Basta de tudo isso, basta de vazio, basta de gente tendo sua vida desperdiçada. Meu convite é que se busque mais luz, mais afeto, mais cuidado, mais consideração, mais amor em sua família. Se cada um de nós fizer mais pelo seu microcosmo, pelo seu mundo particular, todo o mundo se beneficia.

Cada vez que eu cuido dos meus, beneficio em paralelo os seus. Cada vez que um pai ama mais a seus próprios filhos, toda a sociedade acaba ganhando e se fortalecendo.

É chegada a hora de tirar as vendas e reconhecer que precisamos uns dos outros. Você precisa que eu cuide dos meus filhos com saúde, com maturidade, com hombridade, com dignidade e respeito pela vida, pois, se eu os educar assim, eles serão pessoas e profissionais melhores para você, certo? Então, faça a sua parte, e eu farei a minha.

Estamos na era da sustentabilidade, da interdependência, do espírito de grupo, do senso de time. É assim que se deve pensar numa família hoje em dia: como um corpo único (nossa família), que tem suas partes singulares (cada um de nós é único) e está integrado com outros tantos corpos (a vida em sociedade), interligados uns aos outros.

A quantidade de amor que despejamos em nosso lar nos traz de volta a luz para seguir a vida, a força para enfrentar os obstáculos e a tão importante sensação de estarmos conectados uns com os outros, algo essencial para qualquer ser humano.

Quando temos uma vida significativa e de realizações, percebemos que a maior alegria está na prática de bons hábitos, que nos permitem acessar nossas melhores emoções. Nossos hábitos, em essência, formam nosso *habitat*, local especial onde mora nossa alma, onde reside nossa dignidade. Por isso, a sorte está do lado de quem recebe boas ações, mas a felicidade, de quem tem o que doar.

Vivenciar as nossas melhores emoções e construir uma vida feliz em nosso lar é algo possível e bem menos trabalhoso do que

236

CONCLUINDO

parece. Até porque se algo dá trabalho para ser feito (mas é relevante), dá muito mais trabalho se não for feito -e muito bem feito, aliás.

Como vimos, a gratidão, a leveza, o desprendimento, a doação e a confiança, todos elementos que perfazem um verdadeiro empreendedor, são produtos de uma vida íntegra, que é fruto de ações práticas no cotidiano familiar.

O alinhamento do pensar, do agir e do sentir é a perfeita tradução de uma parentalidade íntegra, em que se é por inteiro, em que se ama por inteiro, em que se está presente por inteiro.

Pessoas íntegras têm uma força interior excepcional e um forte senso de compromisso com a transcendência e a proatividade. Pessoas íntegras escolhem participar ativamente da missão de deixar este mundo melhor do que estava quando vieram a esta bênção chamada vida. Pessoas assim se eternizam por meio de sua obra, por meio de seus atos e pelo legado que seus parentes levam adiante.

Acredito que a distância entre o **sonho** e a **conquista** é a **atitude**. Assim, finalizo estas reflexões com uma última pergunta: posso contar com você?

# PROJETO DE VIDA

Converse com o seu filho e veja, de acordo com as respostas, se as profissões de interesse dele se ajustam bem ao seu perfil. Logo depois de finalizar essa atividade, vocês podem visitar juntos o guia de profissões do site www.opee.com.br

### PERSONALIDADE (SÃO PESSOAS QUE SE INTERESSAM POR)

**Artística** – artes, expressão, sensibilidade, criatividade, inovação
**Investigativa** – conhecimento, teoria, estudo aprofundado, curiosidade, ciências
**Social** – pessoas, ajudar o próximo, ensinar, cuidar, proteger, liderar
**Convencional** – organização, regras, sistemas, limites, proteção, segurança
**Empreendedora** – competitividade, lucro, metas, objetivos, novas oportunidades, dinheiro
**Realística** – uso do corpo, das mãos, manusear objetos, ferramentas, praticidade

### ESCREVA ABAIXO OS TRÊS PERFIS COM MAIOR IDENTIFICAÇÃO:

_____  _____  _____

### INTERESSES

| | |
|---|---|
| Artístico | Humanitário |
| Científico | Liderança |
| Animais | Desempenho físico |
| Leis e proteção da sociedade | Educação e serviço social |
| Informática e tecnologia | Saúde |
| Industrial | Mecânica, instalação, reparo |
| Negócios | Construção, perfuração, mineração |
| Marketing ou vendas | Transportes e logística |
| Teologia, religião e espiritualidade | Natureza e plantas |
| Hospedagem, alimentação, lazer, recreação, viagens | |

### ESCREVA ABAIXO OS TRÊS ITENS COM MAIOR IDENTIFICAÇÃO:

_____  _____  _____

## PROJETO DE VIDA

### OBJETOS E INSTUMENTOS DE TRABALHO

| | | |
|---|---|---|
| Corpo | Instrumentos musicais | Meio ambiente, clima, vegetação |
| Materiais | Animais ou plantas | |
| Senso estético | Videoclipes, games, animações, | Alimentos e bebidas |
| Palavras e ideias | fotografias, imagens, filmagens | Instrumentos de saúde |
| Instrumentos ou equipamentos de usos diversos | | |

**ESCREVA ABAIXO OS TRÊS ITENS COM MAIOR IDENTIFICAÇÃO:**

_____   _____   _____

### AMBIENTES, CONDIÇÕES DE TRABALHO, ESTILO DE VIDA

| | | |
|---|---|---|
| Céu aberto, natureza | Formal | Infraestrutura e obras |
| Ambiente fechado | Clínico/Hospitalar | Horário regular, meio período, finais de semana e feriados, período noturno |
| Marítimo | Criativo | |
| Aéreo | Educacional | Trabalhar por demanda ou por projeto |
| Industrial | Hoteleiro | Trabalhos com risco, catástrofes, segurança |

**ESCREVA ABAIXO OS TRÊS ITENS COM MAIOR IDENTIFICAÇÃO:**

_____   _____   _____

### HABILIDADES E COMPETÊNCIAS

| | | | | | |
|---|---|---|---|---|---|
| Aconselhar | Compor | Dançar | Ensinar | Informar | Pintar |
| Administrar | Comprar | Debater | Entrevistar | Jogar | Plantar |
| Afinar instrumentos | Comunicar | Decidir | Escrever | Julgar | Representar |
| Analisar | Consertar | Degustar | Esculpir | Massagear | Tocar instrumentos |
| Arrumar | Construir | Desenhar | Examinar | Negociar | Traduzir |
| Calcular | Costurar | Diagnosticar | Fotografar | Organizar | Vender |
| Cantar | Cozinhar | Editar | Hospedar | Ouvir | |
| Competir | Criar | Educar | Ilustrar | Pilotar | |

**ESCREVA ABAIXO OS TRÊS ITENS COM MAIOR IDENTIFICAÇÃO:**

_____   _____   _____

CONHEÇA AS NOSSAS MÍDIAS

www.twitter.com/integrare_edit
www.integrareeditora.com.br/blog
www.facebook.com/integrare

www.integrareeditora.com.br